불교와
중의학

불교와 중의학의 마음 다스리기

KB192806

불교와 중의학

지은이 석영유
옮긴이 동려생
윤희조

불교와 중의학의
마음 다스리기

**"신체는 마음의 거울이다.
마음을 다스리면 몸도 건강해진다."**

불교와 한의학의 마음 치유법을 비교한 이 책은 고대의 두 지혜가 어떻게 현대인의 정신
건강에 기여할 수 있는지를 탐구한다. 마음의 평화와 건강을 찾고자 하는 사람들을 위한
길잡이가 되어줄 것이다.

| 일러두기 |

1. 이 책은 《心事知多少: 佛教與中醫調心方法之比較研究》(佛光文化事業有限公司, 2016)의 우리말 번역이다.

2. 책명은 『 』, 편명 및 논문은 「 」로 표시했다.

3. 국립국어원의 표준어 규정 및 외래어 표기법을 따르되, 일부는 관례와 원어 발음을 존중해 그에 따랐다.

4. 국내 학계의 통상적인 용례에 따라 중국어 인명의 표기는 신해혁명(1911) 이전은 한국식 한자어 발음, 이후는 중국어 한어병음을 따랐다.

영유 스님을 볼 때마다 존경심이 절로 생긴다. 스님께서는 내가 배움을 좋아한다고 가끔 말씀하시지만, 사실 스님의 학문에 대한 깊은 열정과 사려 깊음은 누구나 감탄할 수밖에 없게 만든다.

나는 『역근경(易筋經)』 덕분에 어린 시절부터 앓아온 알레르기성 비염을 치료할 수 있었다. 이로 인해 항상 『역근경』을 널리 알리고 싶었고, 그 생리적·심리적 효능과 근거를 명확히 하기 위해 남화대학교 자연의학연구소(현재 자연치유연구소)에 입학했다. 먼저 연구소에서 천먀오허(陳淼和) 중의사님의 중의학 강의를 들었는데, 그 수업에서 가사를 두른 영유 스님께서 상한론이든 경락학이든 모든 수업에 열정적으로 참여하시는 모습을 보게 되었다. 수업 후에도 스님은 늘 수업에 대한 소식을 나에게 알려주셨다. 홍채학, 황리춘(黃麗春) 교수님의 이혈학, 화정(花精) 등 다양한 주제에 대해 정보도 많이 전해주셨다. 이 과목들은 모두 스님께서 특히 잘하는 분야로, 이를 활용해 학우들을 자주 도우셨다. 나는 많은 학우들을 통해 스님의 자비를 느낄 수 있었다. 몇 년 전에도 스님께 구원화정(救援花精) 한 병을 선물받은 적이 있는데, 정서기복이 심할 때마다 가볍게 뿌리면 효과가 있었다.

영국에서 유학하신 영유 스님은 영국에서 박사과정을 밟으며 상담

뿐만 아니라 최면과 신경언어학에서도 뛰어난 성과를 거두셨다. 이러한 연구는 영유 스님께서 사람들의 몸[身]과 마음[心]과 영[靈]을 다스리는 방법과 학문에 얼마나 큰 열정과 관심을 가지고 계신지를 보여준다. 2015년, 스님께서 조용히 두 번째 박사학위 논문을 완성하셨고, 그것이 중의학과 관련된 논문이라고 말씀하셨던 기억이 난다. 그 순간, 스님의 끝없는 학문적 열망과 남을 돕고자 하는 열정에 깊이 감동했다.

최근 몇 년 동안 스님께서는 중의학을 심도 있게 연구하며, 정서[情志]를 조절하는 심리학적 지식과 스님께서 잘하시는 불교학을 융합하여 비교연구하는 데 힘써왔다. 불교와 중의학 모두 사람의 몸과 마음을 다루는 데 수천 년의 역사를 가지고 있다. 일부 중의사들은 불학을 깊이 연구하며 이를 융합한 결과를 출판하기도 했는데, 이는 두 학문을 비교하고 융합함으로써 사례에 대한 효과를 높이는 데 기여하고 있다.

스님께서는 심리와 정서 조절에 중점을 두셨으며, 이는 최근 몇 년 동안의 지도와 상담 경험의 결정체라 할 수 있다. 스님은 남화대학교 학생지도센터장을 역임하시며, 다양한 사례를 접하고 이에 대한 문제 해결 방식을 넓고 깊게 제시하였다. 독자들이 이 책을 통해 '조심(調心)'에 대해 더 넓고, 깊고, 다원적인 이해를 얻게 되기를 기대한다.

스님의 신간 출간을 진심으로 축하드리며, 내가 스님을 알게 된 이후의 모습을 떠올리며 '영원히 멈추지 않는 조어장부(調御丈夫)'라는 말로 이 추천의 글을 마친다.

남화대학교 생사학과 주임교수

랴오쥔위(廖俊裕)

추천의 글 2

마음의 병은 마음의 약으로 고쳐야 한다

과학기술과 경제의 급속한 발전과 함께, 사람들의 사회적 관계와 활동은 점점 더 복잡해지고 생활방식도 다양화되었다. 이에 따라 경쟁은 더욱 치열해지고, 빠르게 변화하는 환경과 잦은 긴장감이 일상이 되었다. 이로 인해 몸과 마음은 큰 스트레스를 받으며, 사람들은 모든 일에 득실을 따지며 계산적인 태도를 취하게 된다. 이는 종종 우울감이나 비통감을 초래하고, 더 나아가 우울증, 정신장애 심지어 생리적 질환까지 유발할 수 있다.

지난 10년 동안 현대 생물의학은 심신의학(mind-body medicine)이 신경-내분비-면역 네트워크를 핵심으로 다룬다는 사실을 밝혀냈다. 다양한 연구 결과에 따르면, 뇌와 신경, 내분비, 면역 체계는 서로 다양한 신경전달물질, 호르몬, 면역 인자를 통해 상호작용하며 조화를 이루고 있음이 입증되었다.

심리적 스트레스는 환경적 요인과 개인의 대처 능력 간 불균형으로 인해 발생하는 신체적·정신적 긴장 상태를 말한다. 이러한 스트레스가 지나치게 심하거나 오랜 기간 지속되면 신체의 특정 기관이나 기능에 장애를 일으키고, 가벼운 심신 장애에서 심각한 질환으로 발전할 수 있다. 이로 인해 심신의학은 최근 서양의학에서 주목받는 보완대체의학(complementary and alternative medicine)의 중요한 분야로 자리잡았다. 보완대체의학은 신체 회복, 명상, 이완, 요가, 침술, 호흡, 도인(導引), 최면, 기공과 태극권 등을 포함한다.

'형신합일(形神合一)'은 전통 중의학에서 강조하는 생명관으로, 인간의 생명 활동을 물질적·에너지 대사를 중심으로 한 생리적 활동과 정신적 활동 두 가지로 나눈다. 중의학에서 심신(心神)은 신체의 통일성을 유지하며, 각 장기와 조직이 조화를 이루어 정상적으로 기능하도록 조정하는 역할을 한다. 이에 따라 중의학의 양생(養生)은 '형신공양(形神共養)'을 중시하며, 신체의 건강뿐 아니라 정신의 섭양(攝養)에도 주의를 기울인다. 이는 형체와 정신이 서로 보완하며 균형 잡힌 발전을 이루도록 돕는다.

석영유 박사는 동서양의 자연의학 연구에 오랜 시간 몰두하며, 자신의 배움을 바탕으로 사람들의 행복을 돕는 것을 평생의 사명으로 삼아온 자연의학 실천자이다. 이 책은 중의학 이론, 정서 의학, 심리학 및 불교학을 바탕으로 심신질환을 논의하고, 중의학과 불교의 조심(調心) 이론을 비교하며 구체적인 사례와 논의를 제시한다.

이 책에서 석영유 박사는 자신의 풍부한 임상 경험과 연구 사례를 독자들과 아낌없이 공유하고 있다, 이는 독자들에게 큰 혜택이 될 것이다.

불교의 가르침인 사성제, 인연생기, 사대화합, 업보윤회 등의 개념은 생명과 영성의 차원을 심화시켜, 마음의 무명(無明)을 점차 극복하도록 돕는다. 이러한 과정을 통해 비로소 정신적 병이 치유되고 재발하지 않게 된다. 불교에서 붓다를 '대의왕(大醫王)'이라 부르는 이유도 이와 같다. 붓다의 법약(法藥)은 몸뿐만 아니라 마음까지 치유하기 때문이다.

이 책을 통해 더 많은 독자들이 중의 양생과 불교 조심 이론을 실천하며, 스스로 마음을 안정시키고 형신(形神)을 함께 길러 질병에 강하고, 평화롭고 지혜로운 삶을 이루기를 바란다.

남화대학교 자연의학연구추진센터 주임교수

천추위안(陳秋媛)

저자 서문

이 책은 내가 생사학, 심리학, 불학, 중의학, 자연치료법 등을 정합 (整合)하여 연구하며 쌓아온 결과물이다. 그중에서도 심리적인 것이 가장 중요하다고 생각했기 때문에 특히 사람의 마음, 즉 인심(人心)이라는 영역을 탐구하는 데 많은 시간을 들였다. 마음이 즐겁고 평온하면 삶 역시 기쁨과 여유로움으로 채워지지만, 마음이 불안정하고 번뇌로 가득하다면 삶 역시 고통스러울 수밖에 없다. 이러한 이유로 나는 사람의 심리에 관심을 갖고 이를 깊이 탐구하게 되었으며, 이는 이 책을 집필한 동기이기도 하다.

비록 개인적인 관심에서 시작된 작업이지만, 나는 이 분야에 많은 열정과 시간을 쏟아부었다. 특히 불교와 중의학을 비교하며 두 학문 간의 차이점을 살펴보고, 이를 통해 얻은 통찰을 정리했다. 이 책은 내가 오랜 시간에 걸쳐 연구하고 사고한 결실이며, 이를 통해 얻은 깨달음을 독자들과 함께 나누고자 한다.

특별히 기억에 남는 점은 글을 쓰는 동안 경건하게 부처님의 이름을 염하면 영감이 떠오르곤 했다는 사실이다. 이러한 경험을 통해 나의 신심은 더욱 굳건해졌다. 마음속 깊이 간절히 구하면 반드시 응해주신다는 것을 직접 체험했기 때문이다. 마치 『관세음보살』「보문품」에 나오는 "고통을 구해주길 비는 곳엔 어디나 응하시며(千處祈求千處應)"라는 말씀처럼, 깊은 깨달음과 위안을 받았다.

독자 여러분께 이 글을 전하는 이유는, 여러분도 삶의 어려움 속에서 마음을 다해 불보살님에게 기도하며 나아갈 길을 찾길 바라는 마음 때문이다. 그러면 분명 "명명지중(冥冥之中)" 가운데서도 필요한 답을 얻고 신심 또한 깊어질 것이다.

감사의 글

이 책이 완성되기까지 많은 분들의 도움과 가르침이 있었다. 먼저, 은사이신 성운대사님의 심리, 심령[心靈] 분야의 통찰과 창의적인 가르침은 나에게 큰 길잡이가 되어주었다. 리완야오(李萬瑤) 중의학 교수님의 격려와 지도, 남화대학교(南華大學) 생사학과 랴오쥔위(廖俊裕) 주임교수님, 자연의학연구추진센터 천추위안(陳秋媛) 주임교수님의 추천서와 지지가 큰 힘이 되었다.

집필 과정에서 샘솟는 영감은 마치 가피(加被)를 받은 듯 신비로운 경험이었다. 이 책을 쓰는 데 걸린 시간은 불과 두 달이었지만, 오랜 연구와 고민의 결실이라 자부한다. 또한 지도교수님께서는 글을 어떻게 써야 하는지를 부단히 당부해 주신 덕분에 방향을 잃지 않을 수 있었다. 그러므로 이 책의 완성은 말하자면, 나에게 마치 감응과 같았다. 불가사의이다! 특별히 불보살님의 가피와 모든 인연의 성취, 나를 도와주셨던 모든 분께 감사드린다.

모두에게 축복이 함께하기를!
몸과 마음이 항상 건강하시고, 복과 지혜가 함께 성장하기를!

모든 감사는 부처님께 돌리고, 이 책의 모든 성취는 독자 여러분 모두와 함께 나누고 싶다.

역자 후기

본서의 메시지는 분명하다. 중의학과 불교를 조심(調心), 마음을 조절하는 차원에서 비교하는 것이다. 의학에 해당하는 중의학과 종교에 해당하는 불교를 조심의 차원에서 비교하고자 하는 것이다.

불교는 마음을 다스리는 것이 본령이라고 할 수 있다. 불교는 다양하고 광범위한 영역에서 연구가 가능하지만, 불교의 최대 주제가 '마음'이라는 것에 대부분의 스님과 불교학자는 동의할 것이다. 또한 인간의 병이 다양한 만큼 중의학에서 다루는 영역도 광범위하지만, 마음의 병을 다루는데 있어서 중의학은 특화되어 있다고 할 수 있을 것이다.

서로 다른 학문분과이지만 마음이라는 공통된 주제를 다루고 있다는 점에서 불교와 중의학의 비교는 흥미롭다고 할 수 있을 것이다. 이 주제에 대해서 저자는 관련 문헌을 검토하면서 불교와 중의학 각각에서 조심을 어떻게 다루는지를 비교연구하고 있다.

불교의 탐진치 삼독, 칠정을 중의학의 칠정과 비교 연구하면서 마음, 특히 정서와 관련된 연구를 흥미롭게 진행하고 있다. 아마도 이러한 주제에 대해서 관심있는 분들에게는 연구의 출발점이 될 수 있을 것이다. 특히 저자가 수집해 놓은 문헌자료는 후속 연구를 위한 풍부한 토양이 될 것이다. 저자가 구체적으로 제시하고 있는 비교연구의 결과는 명료한 메시지로 전달되고 있다. 이는 불교학을 다양한 분야와 융합적으로 연구하고자 하는 이들에게 하나의 모범이 될 수 있을 것이다.

　최근 들어 불교심리학이라는 학문을 중심으로 마음이라는 주제가 본격적으로 탐구되고 있다. 마음이라는 주제는 현대인들이 많은 관심을 기울이고 있는 영역이면서, 가장 필요한 연구 주제이기도 하다. 수많은 현대인들이 다양한 마음의 문제로 고통받고 있는 현실에서 본서는 자신의 마음의 문제를 어떻게 다루어야 할지에 관한 하나의 해답일 수 있을 것이다. 불교뿐만 아니라 의학적 차원에서는 마음의 문제를 어떻게 다루는지에 대한 해답도 동시에 얻을 수 있을 것이다. 마음의 문제로 힘들어 하는 분들, 마음에 관심이 있는 분들, 이러한 융합연구를 하고자 하는 분들에게 본서가 도움이 되길 기대한다.

　본서가 번역되기를 손꼽아 기다려 주신 석영유 스님에게 먼저 감사의 말씀을 전한다. 공역자이신 동려생 박사님에게도 감사를 드린다. 신실한 불자의 모습은 항상 모범이 되었고, 대만불교의 현재 모습을 생생하게 전해주신 점 감사드린다. 본서를 번역하면서 중국어의 생생한 느낌을 전달하고자 노력하신 점도 감사드린다. 동라오스의 헌신으로 인해서 본서의 번역이 가능하였다. 윤문해 주신 엄세정 선생에게 감사드린다. 그리고 흔쾌히 출판에 응해주신 김성배 사장님, 편집과 교정을 깔끔하게 해주시는 최장미 선생님에게도 감사를 전한다.

　석영유 스님의 감사의 글에서처럼 조금의 성취라도 있다면 독자들에게 회향하고 싶다.

옮긴이 윤희조

본서의 개요

본서의 목적은 첫째, 중의학과 불교의 마음을 조절하는 방법의 기초 이론을 탐구하는 것이다. 둘째, 중의학과 불교의 조심(調心) 방법을 탐구하고 비교한다. 셋째, 미래에 양자를 정합할 수 있는 가능성을 탐구 분석한다.

본서의 연구방법은 문헌 분석법에 속한다. 중의학과 불교의 조심 방면의 고금문헌을 비교연구한다.

불교는 일종의 종교이고 중의학은 일종의 의학이다. 양자를 비교하고자 할 때에는 기준점이 다르다. 그러나 그들 사이에는 조심이라는 공통 부분이 있다. 즉, 마음을 다스리는 부분이다. 따라서 본 연구는 바로 이러한 공통점에서 비교분석하여 다음과 같은 결론을 얻었다.

1. 조심이론 비교

중의학과 불교의 조심이론을 비교하여 다음을 발견하였다. 불교에서 이른바 탐진치 삼독은 모든 번뇌의 근원이며, 그 하나하나의 항목이 중의학의 칠정(七情)과 많은 연관을 가지고 있다. 중의학의 칠정과 불교의 칠정도 마찬가지다.

감정은 서로 감염될 수 있는데, 한 감정이 다른 감정으로 연결되어 왔다갔다를 반복하기 때문이다. 때로는 하나의 상황에서 여러 가지 감정이 함께 일어난다. 불교에서 말하자면 여러 가지 번뇌가 일어난다는 의미이다. 사람에게는 여러 가지 정서가 있고 사람의 정서는 복잡하기 때문에 인간은 복잡한 생명체이다. 이런 복잡한 감정 속에서 신체가 이런 감정들에게 반복적으로 영향을 받는다.

감정이 얽히고, 복잡하고, 감정이 때때로 드러나거나 가라앉거나, 강하거나 약하거나, 좋거나 나쁘거나, 끊임없이 왔다갔다 하거나, 지속되는 시간이 길거나 짧거나, 복잡한 감정이 인간에게 여러 가지 심리적 질환을 일으킨다. 사람마다 감정 표현이 달라 사람의 정서와 표현이 더없이 복잡하다.

이런 여러 가지 감정의 발전으로 인하여 긍정과 부정이 모두 한 사람의 몸에 섞이게 된다. 그러므로 마음을 다스리는 것은 표면만 치료하는 것이 아니라, 근본도 치료해야 한다. 그저 일시적인 것이 아니라 장기적인 연습을 하는 것이어야 한다. 마음을 다스리는 조심은 한 생에만 있는 것이 아니라, 세세생생에 걸쳐 누적된 결과물이다.

일반적인 약은 일시적으로 외면만 치료일 뿐, 또 다른 상황이 왔을 때 감정이 다시 일어난다. 그러나 외적인 상황은 완전히 통제할 수 없기 때문에 사람의 마음을 조절하는 것은 먼저 자기 자신을 조절해야 다른 사람의 몸과 마음이 건강해지는 것을 도울 수 있다.

2. 조심 방법의 비교

마음을 다스리는 조심 방법은 여러 가지가 있다. 중의학의 입장에서 보자면 약초, 침구, 부항, 기공, 식이요법, 이혈 압박 등 여러 가지 방식을 사용한다. 물론 병원에서 채택하는 방법은 이렇게 다양하지 않으며, 특히 대만에서는 제한적이다. 그러나 혈자리 마사지, 기공 수련, 태극권 또는 새벽에 공원에 가서 자연을 감상하는 것과 같이 개인적인 자기 몸관리에 사용할 수 있는 많은 것들이 중의학의 수양[調養] 방식이다.

불교의 방법으로는 예를 들어 숲과 나무 밑에서 참선이나 명상을 하고, 명상 후 일어나 하는 경행(經行), 빠르게 걸으면서 하는 선(禪)인 포향(跑香), 공법(功法) 연마 등이 있다. 이것들을 모두 합치면 조심 방법과 비교가 된다. 설령 현대의 불교가 초기불교시대의 인도의학을 결합하지 않았더라도, 현재 불교의 발전, 특히 대만에서는 불교만의 의학이 존재하지 않는다. 있다면 현대의학과 접목해서 진행하고 있다. 이 부분이 바로 현대가 고대와 다른 점이다.

본 연구는 정신질환에 더 주목하지만, 불교도 일상의 긴장을 풀고, 불안을 낮추고, 마음을 진정시키는 데 좋은 효과를 낸다. 다만 본서에서는 불교와 중의학이 마음을 조절하는 방법을 비교하기 때문에 이 방면에 대한 기술이 비교적 적다.

중의학은 타력(他力)의 치료이고, 불교학은 자력(自力)의 정심(淨心)이다. 하나는 의학이고, 다른 하나는 생명에 대한 인식이다. 근본에 있어서 차이가 있지만, 같은 점은 모두 조심(調心)에 있다. 모두 조심의 이론과 방법을 가지고 있다. 다만 서로의 근본 입장이 크게 달라 파생되는 치료 방식은 다르다.

양자의 방법론에서 모두 일곱 가지를 발견할 수 있다. 첫째, 중의학은 일종의 치료 방법이고 불교는 일종의 번뇌를 해결하는 방법이다. 둘째, 중의학은 일종의 의학이고 불교는 일종의 생명 체험이다. 셋째, 중의학은 하나의 정립된 치료법이고 불교는 총체적으로 전방위적인 조절이다. 넷째, 중의학은 이치에 맞게 정서를 다스려 기운을 순조롭게 하고[理情順氣] 불교는 마음을 다스려 본성을 밝힌다[治心明性]. 다섯째, 중의학과 불교의 언어는 차이가 있지만 소통할 수 있다. 여섯째, 중의학은 타력(他力)으로 치료를 위주로 하고, 불교는 자력(自力)으로 조심을 중요시한다. 일곱째, 중의학은 심리 질병을 치유하는 데 목적이 있고, 불교는 번뇌를 단절하고 생사를 해탈하는 데 목표를 둔다.

3. 조심의 총체적인 비교

중의학과 불교는 어디까지나 서로 다른 학문이며, 목표와 방법이 서로 다르기 때문에 비교에 어려움이 따른다. 예를 들어 전자는 의사이고, 후자는 전법사, 종교인이다. 이 둘의 본질은 다르지만 서로 참조할 때 공통점이 발견된다.

공통점은 첫째, 모두 마음을 다스리는 것이며, 모두 사람의 심리를 건강하게 하기 위함이다. 이 점이 근본이라는 점은 서로 공감할 수 있고, 다른 것은 방법일 뿐이다. 둘째, 모두 점진적인 방법을 사용한다. 중의학에서는 조심을 신체에서부터 시작한다. 신체 질환이 장기화되면 정서적으로 답답하고 가슴도 답답해지는 현상이 생길 수 있기 때문이다. 하지만 이런 현상들도 역시 바로 조정되는 것도 아니다. 약을 먹고 바로 효과를 볼 수 있는 것은 아니고 시간이 필요한 것이다. 불교의 경우, 전후를 비교할 수 있다. 불경을 배우기 이전과 불경을 배운 이후 또는 어떤 법회에 참석하기 이전과 이후의 비교, 이렇게 서로 비교해 보면 한 사람의 심경의 차이, 심경의 조절됨을 알 수 있다.

그래서 만약 중의학이 약을 먹는 것이라면 불교는 법회, 독경, 다라니염송을 처방으로 삼는다. 만약 중의학에서 운동과 대자연을 가까이 하는 것을 논한다면 불교에서는 정좌, 경행, 걷기, 포향 등이 있다. 이것이 바로 불교의 방법이다. 비록 그것이 처방이라고는 하지 않았지만, 그러나 이러한 시간을 통해 수련한 환자의 신심은 점차 회복되는 효과를 얻을 수 있다.

석가모니 시대에는 모두 마음으로부터 시작하여 근본적인 번뇌를 해결하고자 수행을 했기 때문에, 한 사람이 깨달음을 얻었을 때 기맥이 통하게 된다. 중의학은 사람을 치료하는 일종의 심리치료 방법으로, 기본적으로는 그래도 상당히 괜찮은 편이다. 다만 인간의 생사라는 근본적인 문제에 대한 인식까지 파고들 수 있는 상황이 아닐 때, 중의학의 치료는 근본적인 철저한 치료라기보다는 일시적인 문제를 다루는 쪽으로 치우치게 된다. 이것이 양자의 기본적인 차이점이다.

중의학은 진정한 심리치료라는 장점도 가지고 있다. 이는 증상에 따라 약을 처방하기 때문이다. 그래서 사람의 정서적 안정을 실제로 도울 수 있다는 장점이 있다. 불교의 방식은 자력 위주 외에도 마찬가지로 타력의 협조도 어느 정도 있다.

인류는 이미 생활에 있어서 배가 아프면 의사를 찾고, 신발이 떨어지면 신발을 파는 사람을 찾고, 차가 고장 나면 수리공장을 찾는 등 문제를 해결할 수 있는 많은 방법이 있다. 하지만 마음만은 그렇게 쉽지 않다. 사람의 마음이 복잡하고 천태만상이기 때문에 아침부터 오후까지 많은 감정이 나타난다. 중의학의 관점에서 보면 기맥을 잘 조절하면 곧 마음이 편안해진다. 사람의 마음이 평온해지면, 그의 맥은 자연히 안정된다. 몸과 마음이 서로 의지한다는 것을 밝힌 것도 중의학의 수승한 점이다.

불교의 경우 약물을 사용하지 않기 때문에 자기 심성에 대한 인식과 체험에 중점을 두고 있다. 따라서 불교는 일시적인 병을 고치는 의약 방면에 있어서 중의학과 통합할 수 있다. 그리고 생명의 오랜 생사윤회 문제는 불교가 해결해야 할 문제이다. 따라서 이 둘을 통합한다면 좋은 방법이 될 수 있다. 게다가 중의학은 한 사람의 몸과 마음을 다스리는 것을 도울 수 있고, 불교는 한 사람의 지혜와 자비를 기르는 것을 도울 수 있으며, 이러한 융합도 이상적이다.

불교와 중의학, 중의학과 불교는 서로 보완할 수 있다. 중의학은 질병에 대한 치료이고 불교는 번뇌에 대한 치료이기 때문이다. 중의사는 사람의 일생에 있을 수 있는 심리적 상황을 치료하고, 불교는 세세생생 생사의 문제를 다룬다. 둘은 다루는 시간이 차이가 나지만, 생사 문제를 다룰 때는 몸과 마음의 건강을 설명하는 의학이 필요하다. 몸과 마음이 건강해질 때까지 마음의 성장을 소홀히 해서는 안 된다. 그래서 둘을 하나로 통합하면 사람을 전체적으로 돌볼 수 있고, 몸이나 심리뿐만 아니라 사람의 영적인 성장까지 돌볼 수 있는 전체적인 치료가 될 수 있다.

4. 결론

　중의학과 불교는 마음을 조절하는 조심의 측면에서 서로를 보완할 수 있으며, 둘의 통합은 사람들의 고민을 더 잘 해결할 수 있다. 현대의학은 마음의 병을 약으로 치료하는 데 그치지 않고 신체적, 심리적, 영적 성장의 세 가지를 통합하는 흐름으로 나아가야 한다. 마음의 병, 마음의 병폐는 약으로만 처리할 수 있는 게 아니라 심리 상담, 심리치료를 결합해야 하는 경우가 있는데, 이것이 불교의 방법도 함께 써야 하는 이유이다. 예를 들어 불교의 관심(觀心), 화두, 염불, 다라니, 좌선 등은 모두 마음을 다스리는 좋은 방법이며, 진정으로 심리적 문제를 다루는 방법이다. 중의학에서 이 측면은 상대적으로 부족한 것으로 보이며, 이는 중의학이 다른 학문과 다른 치료법을 귀납시켜 포함할 수 있는 부분이기도 하다.

　현대 중의학의 흐름은 불교학을 통합하는 추세로 나아가야 하며, 그런 다음 자연의학과 정신의학을 통합해야 한다. 이렇게 해야 중의학이 현대적 길로 나아갈 수 있다. 그리고 불교도 중의학의 치료법을 통합하여야 사람의 마음을 닦는 데 좋은 상승작용을 할 수 있다.

　자연의학의 발전에 관해서는 홍채학, 화정요법, 전생요법과 같은 것이 있는데, 이들은 모두 마음을 다스리는 좋은 방법이며, 만약 언젠가 이런 방법들을 모두 포함하려는 병원이 있다면, 많은 사람들에게 혜택을 줄 수 있을 것이고, 이것 또한 매우 가치 있는 일이다.

차례

들어가며

들어가며

본서는 중의학과 불교의 조심(調心) 방법의 차이점과 공통점을 비교 연구하고 있다.

본서는 불교, 불학, 불법, 중의, 심리, 정지(情志), 정서[情志],* 조심(調心),** 선(禪), 심령(心靈)*** 등 관련된 키워드를 교차하면서 학회지, 논문 분야에서 자료를 검색해 본 결과 1986년부터 134편(부록 1)을 찾을 수 있었다. 그러나 중의학, 불교, 정지(또는 심리와 상관된) 세 방면과 모두 관련 있는 것은 겨우 7편 정도였다. 나머지는 모두 중의학과 정지 또는 불교심리, 중의학과 불교 관련 등에 관한 연구들이다. 그러

---

* 본서에서도 이야기하듯이 정서(情緒)는 중의학, 불교에서 거의 사용되지 않는 단어이다. 대신 정지(情志)라는 용어를 사용한다. 이는 외부 환경의 자극에 대한 유기체의 정서적 반응을 말한다. 현대에 정서라는 용어를 사용하므로, 본서에서는 가독성을 고려하여 정지(情志)를 정서(情緒)로 번역한다.

** '마음을 조절하다', '마음을 다스리다'는 의미로 본서에서는 '조심'으로 번역한다.

*** 중국어로 심령은 '마음', '정신', '영혼'으로 번역할 수 있다. '정신적 충격을 받다', '영혼의 힘', '마음의 평온', '정신적 성장', '정신적 공명' 등과 같이 사용된다. 본서에서는 '마음과 정신'으로 번역한다.

므로 본 연구는 이러한 영역에서 한 걸음 나아가 조금 더 도움이 되기를 바란다. 각각 다른 학문 영역을 정합해서 사람의 심리건강에 유효한 방법을 제공할 수 있기를 기대한다.

석박사 학위논문 방면에서 비교적 광범위하게 조사한 결과 2001년 부터 연관된 대만의 석박사 학위논문이 24편(부록 2)이 있었고, 중국의 석박사 학위논문은 27편(부록 3)이 있었다. 그러나 대륙과 대만의 모든 석박사 학위논문 중에서 중의학과 불교의 조심 방법에 대해 핵심적으로 비교연구한 논문은 찾아볼 수 없었다. 단지 각자 불학 또는 중의학 영역을 탐구한 정도이다. 그러므로 본 연구의 주제는 더욱더 연구할 가치가 있는 것으로 생각된다.

중의학의 기본 논점은 형신합일(形神合一), 심주신명(心主神明), 심신감지(心神感知), 오장신지(五臟神志), 칠정(七情), 음양오행(陰陽五行) 이론을 근거로 삼아 사람의 심리와 신체, 쌍방을 정합하여 신심합일(身心合一)의 조화, 조심(調心), 조신(調身)에 대해 서술하는 데 중심을 두었다. 치료방법으로는 약초, 침구, 이혈요법, 부황, 추나 등의 요법이 있고 그 외 기공, 태극, 식이요법, 대자연을 가까이 하기 등과 같은 자가 치유방식도 있다.

불교의 관점에서 사람은 색, 수, 상, 행, 식 오온(五蘊)의 화합으로 이루어져 있다. 그러나 오온의 실상은 '무아(無我)'이다. 탐, 진, 치는 근본번뇌이고 이 세 가지 번뇌로 인해 또 많은 번뇌가 태어난다. 번뇌는 인심을 어지럽히고, '아(我)'로 인해서 마음의 청정, 안정, 즐거움을 얻지 못하게 한다. 초기불교는 삼학, 사념처, 팔정도 등 각종 조심의 방식으로 사람의 번뇌를 대치(對治)한다. 그리고 현재 중국불교에서는 정토종의 염불법문과 선종의 선수(禪修) 등을 조심의 방식으로 사용하여 번뇌를 끊어버리는 목적을 달성하고자 한다.

본 연구는 문헌 분석법을 사용한다. 내용은 중의학과 불교 영역의 고대문헌과 현대 연구가 포함되어 있다. 양적 실험연구 또는 서양의 치료법은 언급하지 않을 것이다. 이하는 문헌자료의 출처이다.

1. 중의학의 조심 방법
고대문헌으로는 『내경(內經)』, 『난경(難經)』 등 중의학의 고전이 있고, 현대문헌으로는 국내외 학술지, 석박사 학위논문, 전자자료 등에서 자료를 수집하고 있다.

2. 불교의 조심 방법
고대문헌으로는 『대장경(大藏經)』에서 조심이론 방법과 관련있는 경전이 있고, 현대문헌으로는 국내외 학술지, 석박사 학위논문, 전자자료 등에서 자료를 수집하고 있다.

마지막으로 본문에서 중의학과 불교를 정합하고자 하는 논점을 제시하였고, 이와 함께 자연의학, 정신의학의 구상을 결합하였다. 본 연구를 통해 현대인들의 심리건강에 대해 시대적 의미를 갖추고 또한 임상의료에서는 참고할 가치가 있기를 바란다.

제1장

관련 문헌

제1장
관련 문헌

　본서는 불교, 불학, 불법, 중의학, 심리, 정서[情志], 조심(調心), 선(禪), 심령(心靈) 등 관련 단어를 관련된 학술지에서 검색한 결과, 1986년부터 134편(부록 1)의 논문을 검색할 수 있었다. 그러나 중의학, 불교, 정서 또는 심리 세 방면과 관련된 자료는 단지 7편밖에 없었다. 나머지는 각각 중의학과 정서를 탐구한 논문과 글, 불교와 심리를 탐구한 논문과 글, 중의학과 불교 관련된 글들이다.

　비교적 광범위하게 정리한 논문으로 2001년부터 대만에서 출간된 석박사 학위논문 24편(부록 2)과 중국에서 출간된 석박사 학위논문 27편(부록 3)이 있다. 그러나 대만과 중국에서 출간된 석박사 학위논문 가운데 중의학과 불교의 조심(調心) 방법을 비교연구한 논문은 한 편도 없었다. 단지 각각 불교학 영역에서 또는 중의학 영역에서 따로 탐구했다. 그러므로 본 연구는 학술적으로 상당히 높은 가치를 지닌다고 생각한다.

일반적으로 말하자면 학술지 논문은 학술적 가치가 비교적 높다고 볼 수 있다. 그러므로 본 장에서는 본서의 주제와 관련된 문헌을 4가지 종류로 나눠서 탐구해 보고자 한다. 첫째는 불교와 중의학과 심리, 세 부분이 관련된 글, 둘째는 불교와 중의학, 두 부분이 관련된 글, 셋째는 불교와 심리, 두 부분이 관련된 글, 넷째는 중의학과 정서[情志], 두 부분이 관련된 글을 살펴볼 것이다.

제1절 불교와 중의학과 심리 관련 문헌

다이샹양(翟向陽)과 웨이위룽(魏玉龍)은 「선(禪) 수행의 심리학적 분석과 중의학의 양생」(2012)[1]에서 선의 기원, 발전과정과 관련된 내용을 수집, 방문조사, 문헌자료, 논리적 분석 등의 연구방법을 통해 선 수행의 방법과 과정을 심리훈련과 중의학의 양생을 통해 탐구하고 있다. 이 논문에서는 마음과 정서[心緒]를 조절하는 일종의 수단인 선 수행은 정신적 심리치료를 하는 전통방법으로 이미 중의학의 양생(養生)과 건강 회복의 범주에 속해 있으며, 한 걸음 더 나아가 좀 더 풍부하고 충실하게 설명하기 위해 기본 작용을 다음과 같이 두 가지 방면으로 나누고 있다. 첫째는 마음을 맑고 고요하게 조절한다[淸靜調神]. 심령(心靈), 즉 마음과 정신이 몸과 마음에서 일어나는 모든 현상의 주인임을 강조하고 각종 의념(意念)을 고요하게 머무르는 상태[靜止]로 돌아오게 한다. 선정(禪定)의 내용, 특징 등에 대한 이해를 통해 마음을 청정하고 고요하게 청정조신(淸靜調神)하는 것이 중의양생학에 영향을 미친다는 것을 인식한다. 둘째는 불교의 참선(參禪)은 실은 불가(佛家)의 기공(氣功)이라는 것이다. 역대 의학자[醫學家]들도 그 속에서 매우 많은 유익한 내용을 도출해 내어 중의학의 기공과 양생의 내용을 더욱 풍부하게 해주었다. 그러므로 선은 중의양생학에도 일정한 영향을 끼쳤다.

판징(範敬)은 「불교선정과 계율이 중의양생학에 미치는 영향에 대한 간략한 논의」(2006)[2]라는 논문에서 불교가 여러 시대에 걸쳐 의학자들에게 흡수되면서 불교 특유의 종교적 의미를 바꿔 점차 전통 중의학에 통합되었다고 주장한다. 이 논문의 요점을 살펴보면 다음과 같다. 불교선정과 계율은 마음과 정서를 조절하는 일종의 수단으로, 정신치료의 방법으로 역할을 하였다. 중의양생학이 그 핵심을 흡수하여 양생의 내용을 더욱 풍부하고 충실하게 하였다. 선정의 중의양생에 대한 영향은 두 방면으로 말할 수 있다. 첫째는 청정조신(淸靜調神)이다. 마음과 정신[心靈]은 모든 심신 현상의 주인이고 각종 생각[憶念]을 정지(靜止)시키는 점을 강조한다. 선정의 내용과 특징을 이해하고 청정조신이 중의학에 미치는 영향을 더욱 인식하게 된다. 둘째로 불교의 선은 일종의 불가의 기공이다. 역대 의학자들도 불가기공에서 유익한 내용을 적극적으로 흡수하여 중의기공을 더욱 풍부하게 했다. 불교의 계율은 불교수행을 하는 비구, 비구니가 엄격하게 지켜야 하는 청정한 규율[淸規]의 항목이다. 불교의 오계(五戒)는 중의학에서 음식과 생활 방면에 많은 영향을 주고 있다. 다수의 의학자들은 모두 음식, 생활, 노동, 휴식 등에 대해 적당한 절제와 안배가 있어야 비로소 병을 물리치고 수명을 늘리는 목적을 달성할 수 있다고 생각한다.

덩라이쏭(鄧來送)과 덩리(鄧莉)는 「불교와 중의심리학」(2002)[3]에서 역대 의서에는 불교사상이 많이 담겨있다고 거론하고 있다. 예를 들어 손사막(孫思邈)이 지은 『천금요방(千金要方)』, 『천금익방(千金翼方)』, 호신유(胡慎柔)가 지은 『신유오서(慎柔五書)』, 신재(慎齋)가 지은 『신재유서(慎齋遺書)』 등이 그러하다. 그 외에 불교의 의방명(醫方明)과 중의학 이론은 서로를 흡수하며 영향을 주고받았다고 언급하고 있다. 예를 들어 명대의 강관재(江瓘在)는 『명의류안(名醫類案)』 「전광심질(癲狂心疾)」에서 불교의 철학이론으로 심질환을 치료한 사례를 제시하고 있다. 또한 덩라이쏭과 덩리는 "불교는 심리적 질병에 대해 상응하는 치료책을 제시한다. 예를 들어 『교승법수(敎乘法數)』에서는 "'팔만 사천 가지의 번뇌[八萬四千塵勞]'가 있으면 '팔만 사천 가지의 대치방법이 있다.'"고 한다. 『대승의장(大乘義章)』에서는 부정관(不淨觀), 자비관(慈悲觀), 인연관(因緣觀), 수식관(數息觀), 염불관(念佛觀), 공관(空觀) 등의 여섯 가지 대치 방법을 제시하고 있다. 그 구체적인 방법은 현대의 신심치료와 유사하다."고 말한다.[4]

덩밍(丁銘)과 홍잉종(洪泳鐘)은 「불교의학과 중의학에 대하여」(1994)[5]라는 논문에서 불교와 함께 전래된 불교의학과 중의학 양자 간의 관계를 기초이론, 약리학, 임상치료, 건강관리, 만트라 및 심리치료의 측면에서 탐구 분석하고 있다. 이들은 "만트라 요법은 심리적 암시요법으로 작용할 수 있다. 질병으로 인해 나타나는 환자의 정신적, 심리적 고통, 초조함, 공황증을 완화해 줄 수 있고 억눌렸던 정서를 완화시켜 질병을 극복하려는 목적을 강화시킨다."고 말한다. 예를 들어 명나라의 의학자였던 우단(醫家虞搏)의 『의학정전(醫學正傳)』에 따르면 "모든 공황증은 만트라를 통해서 정신을 안정시킬 수 있다."고 한다. 송대의 명의(名醫) 허숙미(許叔微)는 부인환자에게 '아미타불'을 독송하게 하여 장조증(臟躁症)을 치유했다."[6]

티에화(鐵華)와 왕환(王歡)의 「심신관의 차이에서 본 불교가 전통 중국 의학에 미치는 영향」(2013)[7]이라는 논문의 요점을 살펴보면 다음과 같다. "중국 본토문화에서는 '신심합일(身心合一)'의 인체라는 작은 우주를 '천인합일(天人合一)'의 대우주로 통합하여 기(氣), 심(心), 신(神)을 핵심으로 삼는 심신통합의 사상을 긍정적으로 논증했다. 불교는 '연기론(緣起論)'을 이론적 기초로 삼고, '공(空)', '고(苦)' 등을 기본적인 세계관과 인생관으로 삼아, '사대(四大)', '오온(五蘊)'을 통해 몸과 마음이 공환(空幻)하고 생멸한다는 것을 논증했다. 이는 불교가 전래된 이후 중의학의 발전에 지대한 영향을 주었다."

리밍루이(李明瑞)는 「정서학설의 발전과 득실」(2011)[8]에서 불교의 정신치료법의 기본 원리를 바탕으로 좋은 생활습관, 신체 운동, 이상적인 인격 형성을 정서[情志] 치료와 결합시켰다. 이는 중의학에서 정서학설을 풍부하게 발전시키는 중요한 방법이라고 주장한다.

판징(範敬)은 「불교문화가 중의학의 기초이론에 미친 영향」(2005)[9]에서 불교가 중의학의 기초이론에 미친 영향을 천인합일(天人合一), 사대설(四大說), 질병의 원인과 질병에 대한 처방[病因病機], 질병 이전의 예방[未病先防]이라는 네 가지 방면으로 나누어 다루고 있다. 불교와 중의학은 서로에게서 배우고 함께 발전하였다고 보고 있다. 그 가운데 병인

병기(病因病機) 부분에서 "불교의 가장 큰 장점은 심리치료이다. 덩라이쏭 등은 질병이 온몸을 뒤덮을 때 정양(靜養), 암시(暗示), 조식(調息)을 통해 건강을 회복할 수 있다. 동시에 팔정도, 삼학, 육도 등의 불교수행은 모두 효과적인 심신치료법이라고 주장한다. 진나라와 당나라 이래로 중의사들은 많든 적든 불교 가운데 관련된 내용을 흡수해서 중의심리치료의 내용을 더욱 충실하게 발전시켰다. 이는 인생에서 올바른 심리적 관점과 생활 태도를 지니게 하고 신체적, 정신적 건강과 건전한 인격을 양성하는 데 중요한 의의를 가지고 있다."[10]고 언급하고 있다.

제2절 불교와 중의학 관련 문헌

이번 절에서는 중의학과 불교 관련 학술지 논문을 살펴보고자 한다.

리밍루이(李明瑞)는 「중의학 이론의 불교적 요소에 대하여」(2011)[11]에서 "불교에서 파생된 자비정신, 사대학설, 선정의 경지는 중의학의 기본이론에서 없어서는 안 될 필수적인 구성 요소이다. … 중의학이 이런 학설을 통합할 수 있었던 주요 원인은 두 가지 체계 사이에 본질적인 동일성이 존재하기 때문이다. 불교가 중의학에 들어오면서 중의철학은 유불도(儒佛道) 삼교가 융합된 진정한 의철학 체계를 이루게 되었고, 오늘날까지도 여전히 강력한 생명력과 적극적인 현실적 의의를 갖추게 되었다."고 말한다.

청샹리(曾祥麗), 딩안웨이(丁安偉), 장쫑밍(張宗明)은 「불교가 중의학문화에 끼친 영향에 대한 간략한 논의」(2007)[12]에서 불교가 중의약의 기초이론, 중의약물학, 중의양생사상, 중국 이외의 의학과의 교류에 끼친 영향 그리고 불교계율이 중의학자의 도덕규범에 끼친 영향을 간략하게 분석하고 있다.[13]

류상즈(盧祥之)는 「불교와 중의학 체계의 형성에서 중요한 연관성」 (2003)[14]이라는 논문에서 중의학에 실제로 영향을 끼친 것은 불교경전이라고 주장한다. 그는 불교경전이 중의학의 변증이론에 영향을 끼쳤다는 점을 거론하는 것 이외에도 또한 중의약에 대한 지식이 풍부해짐에 따라서 더더욱 불교경전에 나타난 치료 기술이 중의학을 보충해 주었다는 점을 언급한다. 예를 들어 금침으로 장애를 제거하는 금침발장(金針拔障) 기술, 안마 기술 등이 그것이다.

인리(尹立)는 「불교와 현대의학: 불교의학 입문」(2002)[15]에서 고대의 동양불교와 현대 서양의학을 대상으로 동서양 문명의 회통이라는 관점에서 양자의 내재적인 계합과 상호 간의 보완점을 탐구하고 '근경식[根識塵]' 이론을 불교의학의 전체적인 구도로 삼는다는 점을 거론한다. 마지막 총체적 결론으로 현대의학과 대조적으로 불교의학이 가지는 세 가지 특징을 완전한 철학적 토대, 독자적인 심신상관[心身關係] 이론, 효과적인 선정(禪定) 치료체계로 요약한다.

정익민(鄭益民)은 「불교의약학: 중국의약학의 보물」(1994)[16]에서 불교의 철학적 사고, 몸과 마음을 수양하는 교리가 중국전통의학, 주로 의료윤리, 정신건강과 심리치료, 건강관리 및 기공양생 그리고 불교의 '오명(五明)' 가운데 하나인 '의방명(醫方明)'에 심원한 영향을 끼쳤다고 말하고 있다.

본문에서는 다음과 같이 말하고 있다. "불교에서 선을 수행하고 내면을 수련하는 수선내련(修禪內練)은 후대의 기공 발전에 큰 영향을 끼쳤다. 현대의 저명한 기공 수련가인 장웨이차오(蔣維喬) 거사의 저서 『인시자정좌법(因是子靜坐法)』에서는 불교를 갈고 닦는 것은 기공으로 신체를 단련하고 질병을 예방한다는 점에서 일정한 작용을 한다고 한다. 불교 경전은 몸과 마음의 질병에 대해 일찍이 명확하게 인식하고 있었다. 『중화대장경(中華大藏經)』 14권에서 질병에는 두 가지 종류가 있다고 한다. "하나는 몸의 병(身病)이고 다른 하나는 마음의 병(心病)이다." 또한 "몸과 마음의 병[心身之病]"에 대한 최초의 언급이기도 했다. 『석씨요람(釋氏要覽)』 3권에서도 희노우구애증욕(喜怒憂懼愛憎欲), 즉 기쁨, 분노, 근심, 두려움, 사랑, 미움, 욕망의 칠정(七情)은 사람의 인체에 질병을 일으키는 요인이라고 강조한다. 불교 경전에서는 탐욕(貪欲), 진애(瞋恚), 우치(愚癡), 교만(驕慢)을 질병을 일으키는 '독화살'에 비유하고 있다. 그러므로 불교의학에서는 불교 사상을 사용해서 사람들이 세속적 고뇌에서 벗어나도록 이끌어 주고, 정신의 영역을 수양하는 것을 강조하여 마음과 정신, 즉 심령(心靈)의 상처를 치유하고, 건강한 정신상태를 유지하는 심리치료를 대단히 중시하고 있다."[17]

천페이페이(陳沛沛)는「불교 음식관이 중의학의 식이요법 치료학에 미치는 영향」(2005)[18]에서 "불교는 식이요법과 심리적 건강을 통해 수행의 목적을 달성한다. … 모든 중생들의 고통을 구제하는 기본이론으로서 불교는 중생들에게 '마음의 병[心病]'과 '몸의 병[身病]'을 치유하는 기술을 제공한다. 이것이 바로 불교의학이 좋은 치유이고 의술을 베푸는 선치시의(善治施醫)라는 것이다. 수나라와 당나라의 역사서의 기록에 따르면, 불교를 통해 인도에서 번역해 온 의학 서적과 처방전은 10여 종류나 된다고 한다. 불교 경전을 집대성하고 있는『대장경』에는 의학적인 내용을 담은 경전이 400여 부에 이른다. 그 가운데 식이요법에 의한 섭생, 식이요법에 따른 심리에 관한 논술이 매우 풍부하다."고 말한다.

제3절 불교와 심리 관련 문헌

이번 절에서는 주로 불교에서 심리와 상관된 의미 또는 방법에 대한 학술지 논문에 초점을 맞추겠다. 그러나 불교를 특정한 서양심리치료 및 정신분석학파와 비교·분석하는 논문은 다루지 않겠다.

가오잉(高穎)은 「원시불교의 심리사상」(2007)[19]에서 한역『아함경』에 의거하여 심리적 관점에서 초기불교의 가르침을 탐구하고 있다. 세속적 존재의 심리작용은 불교에서 허망분별, 염오, 집착에 속하고, 이것이 바로 번뇌와 생로병사가 생겨나는 중요 원인이다. 그러므로 불교는 중생이 번뇌로부터 해탈하는 것을 최종목표로 삼는다고 말한다.

또한 본문에서 "불교에서 마음과 정신[心靈]을 정화하는 길을 수행이라고 한다. 간단하게 말해서 붓다의 가르침을 따라 생활하는 방식이다."[20]라고 하며 마음을 알아차리는 심념(心念) 수행은 수호하는 것과 대치하는 것, 두 종류로 요약하는데, 번뇌가 일어나기 전에 마음을 지키는 수호심(守護心)과 번뇌가 일어날 때 마음을 치유하는 대치심(對治心)이 그것이다.[21] 수행자는 이러한 정신적 기제와 원칙을 사용하여 마음이 함부로 움직이는 것을 멈춤으로써 해탈이라는 목적을 성취한다.

스원샨(石文山)은 「불교 반야사상의 심리치료적 함의」(2013)[22]에서 '반야', 즉 지혜를 현대심리치료의 영역으로 가져올 수 있다고 보고 있다. 병리학적 근거, 목표지향성, 기본 방법 등 세 가지 관점에서 '반야' 사상의 심리치료적 의미를 탐구한다. 특히 "내담자의 심리적 장애는 모두 무명과 망집, 즉 무지와 망상으로 인해 발생한 것이므로 반야지혜를 통해 세상을 여실히 관조하고, 개체의 망상집착을 타파하여 현재의 현실 생활로 돌아오게 하여 자신의 원래 책임을 감당할 수 있도록 한다. 이것이 심리치료의 핵심이다."라고 요약한다.

류옌(劉燕)은 「마음과 정신으로 향하는 복지: 정신건강에 대한 불교사상의 계시」(2007)[23]에서 사회가 발전함에 따라 마음의 소외 문제가 중요해지고 있고, 더불어 정신건강도 중요하게 받아들여졌다고 본다. 서구에서 기원한 현대심리학 이론과 방법이 우리에게 사람의 심리현상을 이해하도록 도움을 주는 것 이외에도, '마음의 치료[治心]'를 근본으로 삼는 불교사상 중에도 역시 정신의 문제에 많은 도움을 주는 유익한 내용이 포함되어 있다고 한다.

스싱위안(釋性圓)은 「현대인의 심신 안정의 필요성에 비추어 본 불교적 심신 안정의 방법 탐구」(2000)[24]에서 현대인은 심신 안정이 필요하다는 사실에서 불교적 심신 안정 방법을 성찰한다. 또한 불교수행을 통하여 심신안정을 할 수 있다고 말한다.

펑옌친(彭彦琴)과 장즈팡(張志芳)은 「심왕(心王)과 선정: 불교심리학의 연구대상과 방법」(2009)[25]에서 불교는 일반인들이 붓다의 마음[心識]으로 진화해 나아가는 진화과정을 설명하는 심리학이라고 주장하며, 불교의 주장은 다른 심리학에서는 발견되지 않는다고 말하고 있다. 또한 "송대와 명대의 유가적 심성론도 역시 불교의 영향을 명백하게 받았다. 이는 한편으로 '심리학(心理學)'이라는 중국어 번역이 바로 심학(心學)과 이학(理學)을 함께 부르는 것에서 왔다는 사실을 증명해 주고 있으며 동시에 불교와 심리학 사이의 밀접한 관련을 증명해 주고 있다."[26]고 주장한다.

제4절 중의학과 정서 관련 문헌

본 절에서는 중의학 중에 정서[情志]와 관련된 학술지 논문을 위주로 다룰 것이다. 학술지 논문 중에는 정서적 질병에 초점을 두고 연구를 한 논문이 매우 적다. 대다수 학술지 논문은 어떤 종류의 질병으로 인해 발생하는 정서[情志] 문제를 다루고 있다.

천타오(陳濤)는 「황제내경의 정서 치료에 대한 고찰」(2008)[27]에서 중의학과 심리학의 통합이 하나의 새로운 신흥과학, 즉 중의심리학이 될 것이라고 본다. 이 글에서는 현대심리학의 관점에서 『황제내경』의 심신질병치료에 관해 논술하고 있다.

양동(楊冬)은 「중의이론을 기초로 한 심리치료」(2008)[28]에서 중의학 이론은 형신을 하나로 보는 것, 즉 형신일체(形神一體), 심신을 하나로 보는 것, 즉 심신일체(心身一體) 전체론을 강조한다. 중의심리학 역시 이러한 이론을 기초로 정서적 요인과 심리적 요인 사이의 관계를 연구한다고 말한다. 그리고 또 중의심리치료에는 유정치상승요법(有情治相勝療法), 언어개도법(言語開導法), 기공도인법(氣功導引法), 암시요법과 같은 많은 심리치료 방법이 있으며, 이는 현대심리학과 결합하여 보다 합리적인 방식으로 사용할 수 있다고 제시한다.

위전샨(余貞賢)과 구우쥔(顧武君)은 「정서장애치료에 대한 중의학의 임상경험」(2008)[29]에서 중의약이 정신장애를 치료하는 데 효과가 있는지를 탐구하고 있다. 예를 들어 번조(煩躁), 공포[驚恐], 우울[抑鬱], 멍함[呆滯], 정신이 흐릿함[恍惚], 초조[焦慮], 망동(妄動) 등이다. 그런데 신체에서 나타나는 증상은 불면증[失眠], 과도한 꿈[多夢], 두근거림[心悸], 현기증[眩暈], 호흡곤란[氣短], 비정상적으로 추위와 더위를 탐[寒熱感異常], 월경불순[月經紊亂] 등이다. 이 연구에서는 약물을 투여하는 환경과 약물순응도를 비교연구하고 있다.

우훙링(吳紅玲)은 「중의학의 정서치료법 분석」(2005)[30]에서 정서치료법[情志療法]은 중의사 또는 심리학자가 중의학의 정서학설[情志學說] 또는 심리행위학설의 이론과 방법으로 심리 질병 또는 심신질병을 치료하는 것이라고 주장한다. 연구자는 정서치료법의 작용기제 탐구에서 정서치료법을 임상적으로 적용할 때에도 역시 준수해야 할 일정한 원칙이 있다고 보고 있다. 마지막으로 중의학에서 일반적으로 사용하는 다섯 가지 정서치료법, 오지상승요법(五志相勝療法), 언어개도(言語開導), 마음과 정신을 맑고 고요하게 하는 청심정신요법(淸心靜神療法), 소도선설요법(疏導宣洩療法), 마음을 바꾸어 병을 조절하는 이정역성요법(移情易性療法)을 탐구하고 있다.

장젠빈(張建斌)은 「정서장애의 경락 기초」(2006)[31]에서 정서장애는 칠정(七情), 오지(五志)의 이상을 다루는 심리학의 범주에 속한다고 보고 있다. 또한 『내경(內經)』의 장부변증(臟腑辨證)에 관한 이론을 제시하면서 사람의 생리기능과 병리상태는 서로 영향을 끼친다고 한다. 본론에서는 경락학의 관점에서 임상에서 정서장애를 진찰하고 치료하는 측면에서 침구를 사용하는 방법을 탐구하고 있다. 정서장애와 관련된 12경맥, 15락맥(絡脈), 기경팔맥(奇經八脈)과 기타 경락이론으로 정서를 다루고 있다.

이상을 종합해 보면 불교와 중의학은 각각의 심리적 측면에 대한 논문들을 발표하고 있다. 물론 중의학과 불교와 정서(심리 관련)의 삼자와 관련된 연구는 비록 소수의 학술지 논문에서 관심을 가지고 있지만, 아직은 발전할 수 있는 여지가 매우 많이 남아 있다. 이는 본 연구의 중요성을 상기시켜 준다.

제2장

중의학과 불교의 조심이론 비교연구

제2장
중의학과 불교의 조심이론 비교연구

본 장은 3절로 이루어져 있다. 제1절과 제2절에서는 우선 중의학과 불교의 조심(調心), 즉 마음조절 방법과 관련된 이론을 살펴보고, 제3절에서는 두 이론을 비교연구한다. 연구는 반드시 그 근거가 되는 이론에 대한 논의가 필요하기 때문에 본 연구에서는 우선 중의학과 불교의 조심(調心)이론부터 탐구를 시작하도록 한다. 그리고 다음 장에서 양자의 조심(調心) 방법을 논의하겠다.

제1절 중의학의 조심 관련 이론

본 절의 주요 목적은 중의학에서 마음을 다스리는 조심이론을 분석하고 탐구하는 데 있다. 우선 마음에 대한 중의학의 관점을 개략적으로 설명한 다음 형신(形神)의 관계, 오장(五臟)과 신지(神志), 칠정(七情), 음양오행(陰陽五行)을 논의하겠다.

1. 심(心)에 대한 중의학의 관점

본 절에서는 다음과 같이 1) 심장[心]의 주요 기능, 2) 기쁨을 주로 관장하는 심장[心在志為喜], 3) 심장 질환의 원인, 4) 심장 장기의 질병 메커니즘, 5) 심장의 양기와 심장의 기운[心陽心氣]의 불균형[失調], 6) 심장의 음기와 심장의 혈[心陰心血]의 불균형, 7) 몸과 마음의 상호 의존성이라는 7개 부분으로 나눠서 탐구할 것이다.

1) 심장의 주요 기능

장상(臟象)이론은 인체에서 심장의 생리적 기능, 병리적 변화와 다른 장기(臟腑)와의 관계에 대해 상세히 설명하고 있다. 심장의 주요 생리적 기능은 '심장은 혈과 맥을 주관한다[心主血脈]'와 '심장은 정신을 품고 있다[心臟神]'이다. 심주혈맥에서 혈은 혈액을 의미한다. 맥은 맥락, 즉 혈액이 흐르는 통로이다. 그리고 심장은 맥락과 서로 연결되어 하나의 폐쇄된 시스템을 형성하고, 혈액이 순환하는 허브 역할을 한다. 혈액이 맥락에서 정상적으로 움직이기 위해서는 심장이 정상적으로 뛰는 것이 중요한 역할을 한다. 그러므로『소문(素問)』「위론(痿論)」에서는 "심장이 혈맥을 주관한다[心主之血脈]"고 말하고 있다.

심장의 또 다른 주요 생리적 기능인 심장신(心臟神)은 다른 말로 심주신명(心主神明) 또는 심주신지(心主神志)라고 한다. 즉 심장은 신(神)을 밝히는 것을 주관하거나 또는 심장은 신(神)이 의지를 내는 것을 주관한다.『소문』「영란비전론(靈蘭秘典論)」에서 "심자, 군주지관야, 신명출언(心者, 君主之官也, 神明出焉)"이라고 한다. 심장은 군주의 자리이고 신명이 그곳에서 나온다는 것이다. 이 말은 심장은 인체 전체의 장부, 경락, 형체, 구멍의 생리적 활동과 의식, 사유, 정서 등 정신활동의 작용을 주재한다는 의미이다. 또한 중의학의 전체론적 개념에서 보자면 인체의 정신, 의식, 사유 활동은 모두 장부의 생리적 기능에 대한 반응이라고 볼 수 있다. 그러므로『소문』「선명오기론(宣明五氣論)」에서 "심장신, 폐장백, 간장혼, 비장의, 신장지(心藏神, 肺藏魄, 肝藏魂, 脾藏意, 腎藏志)"라고 말하고 있다. 즉 심장은 '신', 폐장은 '혼', 비장은 '의', 신장은 '지'를 포함하고 있다.

사람의 정신, 의식, 사유 활동이 비록 각각 다섯 장기에 소속되어 고유한 역할을 하지만 그 주된 활동은 심장에서 기인한다.『영추(靈樞)』「위기(衛氣)」에서 "신생어오장, 사어오장, 주도어심(神生於五臟, 舍於五臟, 主導於心)"이라고 한다. 즉 신(神)은 다섯 장기에서 태어나 다섯 장기에서 사라진다. 그 주도자는 심장이다.『영추』「구문(口問)」에서 "심동즉오장육부개요(心動則五臟六腑皆搖)"라고 한다. 즉, 심장이 움직이면 오장육부가 모두 흔들린다는 것이다. 그러므로 만약 심장신의 생리적 기능에 이상이 생긴다면 다른 장부의 활동에도 영향을 끼치게 된다. 따라서『유경(類經)』에서 "심위장부지주, 이총통혼백, 병해의지, 고우동어심칙폐응, 사동어심즉비응, 노동어심즉간응, 공동어심즉신응, 차소이오지유심소사야(心爲臟腑之主, 而總統魂魄, 並該意志, 故憂動於心則肺應, 思動於心則脾應, 怒動於心則肝應, 恐動於心則腎應, 此所以五志唯心所使也)"라고 한다. 심장은 장부의 주인이며 혼백을 통솔하고 의지에도 관여한다. 그러므로 슬픔이 심장을 움직이면 폐가 반응하고, 생각이 심장을 움직이면 비장이 반응하고, 노여움이 심장을 움직이면 간장이 반응하고, 공포가 심장을 움직이면 신장이 반응한다. 이것이 바로 오지(五志)가 심장의 부름을 받는다고 하는 것이다.

2) 기쁨을 주로 관장하는 심장

심장은 오지 가운데 희(喜), 즉 기쁨에 해당한다. 이는 심장의 생리적 기능이 정신과 정서의 '기쁨'과 관계가 있다는 의미이다. 장상이론에서는 외부의 자극으로 인해서 사람의 정서가 변화하는 것은 오장(五臟)의 생리적 기능에 의해서 발생한 것이라고 본다. 그러므로『소문』「천원기대론(天元紀大論)」에서 "인유오장화오기, 이생희노사우공(人有五臟化五氣, 以生喜怒思憂恐)", 즉 사람의 오장은 오기(五氣)로 변화하여 기쁨, 분노, 생각, 걱정, 두려움이 생겨난다고 한다. 또한『소문』「음양응상대론(陰陽應象大論)」에서 "재장위심, 재지위희(在臟為心, 在志為喜)", 즉 오장에는 오지가 있는데, 심장에는 기쁨이 있다고 한다. 이는 다섯 가지 지(志) 가운데 기쁨은 심장의 정서라는 의미이다.

3) 심장 질환의 원인: 일곱 가지 내상

칠정(七情), 즉 일곱 가지 정서는 희(喜), 노(怒), 우(憂), 사(思), 비(悲), 공(恐), 경(驚), 즉 기쁨, 분노, 걱정, 생각, 슬픔, 두려움, 놀라움의 일곱 종류의 정상적인 정서 활동을 말한다. 칠정내상(七情內傷)은 이 일곱 종류의 정서 활동으로 인해서 발생하거나 유발되는 질병을 말한다. 일곱 가지 정서의 반응이 너무 지나치거나 너무 부족하면 인체의 생리적, 심리적 적응 능력과 조절 능력을 초과하게 되고, 장부의 미세한 에너지[精氣]를 손상시키고 기능 조절에 실패하게 된다. 또한 정서는 매우 복잡하다. 사람들이 일상적으로 체험하는 정서는 종종 여러 정서의 조합이므로 일곱 가지 감정이 상한다는 것은 단일한 정서로 인한 손상일 수 있고, 두 가지 이상의 정서가 결합되어 일으키는 손상일 수 있다. 예를 들어 과도하게 기뻐하는 것도 심장과 신장을 모두 상하게 할 수 있다. 임상적인 관점에서 보자면 심장, 간, 비장은 일곱 가지 정서에 의해서 가장 쉽게 손상될 수 있다. 지나치게 놀라거나 기뻐하면 심장을 쉽게 손상케 하고, 또한 심신(心神)이 안정적이지 못하게 되어 두근거림[心悸], 불면증, 건망증, 심지어는 정신장애 등의 증상이 나타날 수 있다.[1]

4) 심장 장기의 질병 메커니즘: 심장의 음양과 기혈의 불균형

내부 장기의 질병 메커니즘[臟腑病機]은 질병이 진행되는 동안 내부 장기가 생리적 기능조절에 실패하는 내부 메커니즘[機理]을 말한다. 내부 장기가 기능조절에 실패하는[臟腑失調] 질병 메커니즘[病機]은 두 가지 주요 측면이 있다. 하나는 내부 장기의 생리적 기능이 지나치거나 또는 부족한 것이고, 다른 하나는 내부 장기 자체가 음양과 기혈의 균형을 이루지 못하는 것이다. 여기서는 음양과 기혈이 균형을 잃은 다섯 가지 내부 장기 가운데 심장에 대해서 설명하고 있다.

심장의 음양과 기혈의 조절 실패[失調]를 언급하기 전에 우선 오장의 음양과 기혈은 전체 몸의 음양과 기혈의 중요한 구성요소라는 것을 논술할 필요가 있다. 각 장기의 음양과 기혈 사이의 관계에서 기(氣)는 양(陽)에 속하고, 혈(血)은 음(陰)에 속한다. 그리고 내부 장기의 기혈은 각 내부 장기의 생리적 활동의 물질적 기초이다. 내부 장기의 생리적 기능에는 고유한 특징이 있으므로, 음양 또는 기혈의 조절 실패로 병이 발생했을 때 각 내부 장기는 차이와 치중되는 면이 있다. 그러나 심장은 군주의 지위[君主之官]를 가진 내부 장기이다. 심장의 주요한 생리적 기능인 혈맥을 조절하고, 신(神)을 조절하는 것은 심장의 음양(陰陽)과 심장의 기혈(氣血)이 협력하여 작용한 결과이다. 그러므로 심장의 모든 병리적 변화는 모두 심맥(心脈)의 운행에 이상이 생긴 것이고 정신과 정서의 변화로 인해서 생긴 것이라고 볼 수 있다. 심장의 음양, 기혈 조절을 실패하는 것[失調]은 다른 병리적 증상을 일으킨다.

그러므로 심장의 기는 양이고[心在氣爲陽], 심장의 혈은 음이다[心在血爲陰]. 기와 혈이 합일될 때 비로소 사람의 마음은 고요하고 평화로워진다. 만약 기혈이 조화를 이루지 못한다면 음과 양은 조화를 이루지 못하고 정서는 불안해진다. 기혈이 있다는 것은 영양소가 생긴 것과 같다. 마치 영양소가 신체 속에서 신체가 움직이는 것을 도와주는 것처럼, 기와 혈은 신체 속에서 움직인다. 그러므로 혈기왕성하다는 것은 젊은이는 쉽게 의기충천하여 일을 저지르기 쉽고, 기와 혈이 적은 노인은 기운은 있지만 힘이 없는 것과도 같은 이치이다. 그러므로 기혈은 신체를 지탱하는 중요한 요소이다.

5) 심장의 양기와 심장 기운의 불균형

심양(心陽)과 심기(心氣)가 균형을 잃는 것[失調]은 주로 심장의 양기가 과도하거나 또는 부족하거나 하는 두 가지 형태로 나타난다. 심장의 양기가 성하다는 것은, 즉 심화(心火)이다. 이는 생리적 기능에 중요한 영향을 끼치는데, 심신(心神)을 어지럽히고, 심장이 두근거리고[心悸], 짜증 나고[心煩], 잠을 못 이루고[失眠], 꿈이 많고[多夢], 말이 많고, 심지어 광언(狂言)과 혼란(昏亂) 등의 증상이 나타난다. 심화가 위로 타오르거나 아래로 이동하게 되면 입과 혀가 진무름[口舌糜爛], 혀끝의 통증[舌尖痛], 코와 혀의 건조[鼻舌乾] 등의 증상이 나타난다. 그 외에 혈의 운행에 이상이 생기면 심장이 두근거림, 맥박 수가 빨라짐, 혀가 붉어짐[舌質紅絳] 등의 증상이 나타난다.

심장의 양의 에너지가 약해지는 현상은 대부분 만성 질환이 지속적으로 양의 에너지를 소모시킨 결과이다. 이는 심신부족(心神不足) 현상으로 정신적 피로로 인해서 힘이 없고, 정신(神思)이 약해지고, 반응이 둔해지고, 정신이 혼미하고, 잠을 많이 자고, 목소리가 낮고, 말하기 싫어하는 등의 증상으로 나타난다. 또한 혈맥이 차가워지고 막히는[血脈寒滯] 영향도 생길 수 있다.[2]

6) 심장의 음기와 심장 혈의 불균형

심음(心陰)과 심혈(心血)을 조절하는 데 실패하면 주로 심음 부족(心陰不足), 심혈의 손실[心血虧損], 심혈의 정체[心血瘀阻]와 같은 증상으로 나타난다. 심음 부족은 대부분 심장이 지나치게 과로하거나, 오랜

병으로 인해 심음을 소모하고 상한 것이 원인이 된다. 또는 정서가 내상을 입거나[情志內傷], 심음이 고갈됨으로 인해서[心陰暗耗] 정신이 불안정하거나 또는 기력이 쇠약해지고 번뇌[虛煩]로 인하여 불면증이 생긴다. 심혈의 손실은 대부분 정서가 내상을 입거나 또는 혈액 손실로 인해 생긴다. 혈이 부족하여[血虛] 심신에 자양분을 줄 수 없어서 신식(神識)이 쇠약하고, 집중력이 떨어지고, 정신이 혼미하고, 불면증에 꿈을 많이 꾸고, 심장이 두근거리고, 불안하고 심지어 공황 장애까지 나타난다. 심혈의 정체는 혈액운행에 힘이 없거나, 가래가 탁하고 뭉쳐져 있거나[痰濁凝聚] 또는 정서적[情志] 자극이 심해서 발생할 수 있다. 가슴 답답함, 가슴 두근거림, 가슴 통증[心前區暴痛], 공황 장애 등이 나타날 수 있다.[3]

7) 몸과 마음의 상호 의존성

'심장' 자체는 기혈의 운동을 총괄하고 있기 때문에 촉진자이다. 만약 기혈의 운동이 원활하지 않다면 이는 바로 심장의 기능이 좋지 않기 때문이다. 그것은 사람의 마음에 영향을 주어 마음이 황급하거나, 놀라거나, 가슴 통증, 두근거림 등의 상황에 이르게 된다. 이것은 생리적 측면이 마음에 영향을 주는 것이다. 사람의 마음과 정서 역시 생리적 변화를 일으키게 한다. 예를 들어 공포를 느끼면 혈맥이 팽창하거나 기혈이 어지러워진다. 그러므로 정서에서도 놀라고, 황망스럽고, 두렵고, 공포스러운 정서 현상이 나타나는 것이다. 그러므로 몸과 마음[身心]은 상호 의존한다.

몸과 마음이 상호 의존하기 때문에 심리적으로 곤란하고 우울하고 고통스러울 때 신체의 기혈 운행에 영향을 주어 신체 건강에 해를 끼친다. 그리고 신체에 안 좋은 증상이 생기거나 기혈 운행이 잘 안 될 때도 사람의 마음과 정서는 불안하고 기력이 없거나 또는 상심하거나 비분(悲憤)하는 등 불안정한 정서 상태에 이르게 된다. 이것이 소위 심신의 상호 의존성의 원리이다. 이러한 점을 중의학에서 매우 명확하게 설명하고 있는데, 이것이 바로 중의학의 장점이자 서양의학의 약점이기도 하다.

2. 형체와 정신의 관계

형체와 정신이론의 주요 내용은 형체와 정신의 합일[形神合一], 심장은 정신을 밝히는 것을 주관한다[心主神明], 심신이 감각하고 안다[心神感知]를 포함하고 있다. 형신(形神)의 관계는 바로 신(身)과 심(心), 생리(生理)와 심리(心理)의 관계이다.

『중의심리학(中醫心理學)』(2005)에서는 "고대 중국사상에서는 형체와 정신의 문제를 둘러싸고 두 가지 대립이 있었다. 하나는 형태와 정신에 대한 이원론적 관점이다. … 그들은 정신은 형체를 떠나서 독립적일 수 있다고 여겼다. 다른 하나는 형태와 정신에 대한 유물론적 일원론의 관점으로, 신(神)은 형태에서 태어난 것이고 형체가 없으면 정신이 없다고 주장한다. … 그러나 총체적으로 봤을 때 중의학은 주로 유물론적 사고의 영향을 받았다고 할 수 있다. … 미세한 정신과 의식을 인체의 장기기능의 활동으로 본다면 신(神)의 활동은 바로 외부 사물이 인체에 작용한 결과라고 봐야 하고, 또한 인체기관은 운동하는 객관적인 사물

을 받아들인 산물이라고 봐야 할 것이다."라고 한다.[4]

다음은 형신합일(形神合一), 심주신명(心主神明), 심신감지(心神感知)를 나누어 설명해 보겠다.

1) 형체와 정신의 합일

형체와 정신의 합일은 중의학에서 중요한 사상이다. 『내경(內經)』에서 형체[形]와 정신[神]의 관계를 상세히 설명하고 있어서 중의학에서 심리와 생리에 대한 전체론적 관점을 확립하게 되었다. 이로 인해 심리학의 발전을 위해서 근본적인 이론적 근거를 제공해 주었다. 형체와 정신의 관계는 다음과 같이 1) 정신은 원래 형체에서 태어났다[神本於形而生], 2) 정신은 형체에 의존해서 존재한다[神依附形而存], 3) 정신은 형체의 주인이다[神爲形之主], 4) 형체와 정신은 합일한다[形神合一]는 네 가지 주요한 관점으로 나누어 볼 수 있다.

형체는 바로 신체이고, 신체는 바로 정신이 의존해야 할 곳이다. 마음[心]과 형체[形]는 통합되어야 한다. 형체는 마음을 주도하고, 마음은 형체의 활동을 관리하고 지배한다. 그러나 형체 자체는 무엇을 한다고 말할 수 없다. 만약 형체라는 몸만 있고 심신이 없다면 그것은 운동을 할 수 없다. 마치 식물인간과 같다. 만약 단지 심신만 있고, 형체가 없다면 사람의 생명 역시 존재하지 못한다. 그때는 정신(精神)과 의지(意志)만 있게 된다. 그렇다면 정신과 의지는 도대체 어떻게 인간 세상에 출현하게 되겠는가? 그러므로 여전히 신체가 필요하다. 그렇지 않다면 인간은 이 세상에 존재하지 않을 것이다.

2) 심주신명

심주신명(心主神明)은 심신(心神)이 사람의 생명활동을 주도하고, 심신이 인체의 심리적, 생리적 활동 모두를 통일적으로 관리한다는 것을 가리킨다. 그것을 아래와 같이 분류할 수 있다. 심신이 장기의 기능과 활동을 주도한다. 심신(心神)이 사람의 의식과 사유 활동을 주도한다. 그리고 심신은 혼, 백을 통치할 뿐만 아니라 그 의지(意志)까지 포함한다. 심신은 다섯 가지 신[五神], 즉 신(神), 혼(魂), 백(魄), 의(意), 지(志)와도 관련이 있다.

심주신명론은 인체의 생리활동과 심리활동이 진행되는 것을 해석해주는 것과 더불어 생리와 심리를 정합적으로 통일시켰다. '심'은 정신과 의지를 관리하고 지배하고, '정신'은 신체의 오관과 사지의 움직임을 주도하지만, 결코 신체가 심에게 부림을 당한다고는 할 수 없다.

3) 심신감지

현대의학에서는 감각, 지각은 모두 사람의 뇌가 객관적인 것에 대해서 반응하는 것이라고 본다. 중의학에서는 사람이 감각하고 지각하는 [感知] 활동은 심신(心神)의 주도하에 진행된다고 본다. 왜냐하면 심주신명하기 때문이다.

중의학에서는 오관의 기능과 오장의 생리활동이 밀접한 관련이 있다고 본다. 그러나 오관의 기능 활동은 심신의 작용하에서 안이비설신(眼耳鼻舌身) 등 다섯 가지 감각기관에서 만들어진다. 감각기관이 생기고 나서 비로소 기능이 어떻게 발생하고, 기능이 발생하는 과정을 이해할 수 있다. 그러므로 심신과 시각, 청각, 후각, 미각 그리고 몸의 다른 감각이 모두 관련성을 가지고 있다.

3. 오장과 신지

사람의 신지(神志)와 정서의 활동은 주로 오신(五神)과 다섯 가지 정서[五志]를 포함하고 있다. 오신은 신(神), 혼(魂), 백(魄), 의(意), 지(志)이고, 다섯 가지 정서[五志]는 희(喜), 노(怒), 사(思), 비(悲), 공(恐)이다. 그리고 오신과 오장(五臟)의 관계는 『소문(素問)』「선명오기론(宣明五氣論)」에서 "심장신(心藏神), 폐장백(肺藏魄), 간장혼(肝藏魂), 비장의(脾藏意), 신장지(腎藏志)"라고 말하고 있다.

오신은 오장에 각각 배속시켰는데, 각자 생리기능의 일부분을 담당한다. 그러나 『유경(類經)』「장상류(藏象類)」에서 "심은 오장육부의 대주(大主)이며 혼백을 통솔할 뿐만 아니라 의지까지 포함하고 있다(心爲五臟六腑之大主而總統魂魄, 兼賅意志)"고 한다. 그러므로 심의 기능이 정상적이어야만 비로소 기타 장부의 활동을 보호할 수 있다. 그리고 오지와 오장의 관계는 『소문』「오운행대론(五運行大論)」에서 "심이 드러내는 정서는 희에 있고[心在志爲喜], 간이 드러내는 정서는 노에 있고[肝在志爲怒], 비가 드러내는 정서는 사에 있고[脾在志爲思], 폐가 드러내는 정서는 우에 있고[肺在志爲憂], 신이 드러내는 정서는 공에 있다[腎在志爲恐]"고 한다.

『내경(內經)』은 오지를 오장에 각각 배속시켰는데, 정상적이지 못한 정서활동[情志活動]이 장부(臟腑)를 손상시켜 질병을 유발시키고 가중시키기도 한다고 한다. 『소문』「영란비전론(靈蘭秘典論)」에서도 "심(心)이란 군주의 지위이고 신명이 나타나는 곳이다[心者, 君主之官也, 神明出焉]"라고 한다. 이는 심이 사람의 정신의식의 활동을 주관하므로 장부(臟腑)는 반드시 심신의 통일된 지휘하에 비로소 정상적인 생명활동을 영위하는 것을 확정할 수 있다. 여기서 우리는 비정상적인 정서는 인체에 상해를 입히고 양호한 정서는 사람의 정신을 진작시킬 수 있어 신체와 심신의 건강에 유익하다는 결론을 낼 수 있다.

4. 칠정

칠정(七情)은 희(喜), 노(怒), 우(憂), 사(思), 비(悲), 공(恐), 경(驚)을 말하고 칠정은 오장 각각에 배속되어 있다. 희, 노, 사, 비(우), 공(경)이 대표적으로 심(心), 간(肝), 비(脾), 폐(肺), 신(腎)에 각각 배속되고, 이를 오지(五志)라고 한다. 칠정설(七情說)은 중의학의 기본이론 가운데 하나이다. 또한 중의심리학이 독자적으로 갖추고 있는 특별한 이론이다.

칠정의 근원에 관한 이론은 『내경(內經)』의 '오지'설과 '구기(九氣)'설이다. 송대(宋代) 진무택(陳無擇)은 『삼인극일병증방론(三因極一病證方論)』에서 일곱 종류의 정지(情志)를 명확하게 '칠정'으로 정하고 있어 칠정설이 보편화되고 정형화되게 되었다. 칠정은 병이 생기는 원인과 특징을 "칠정은 인지상정이다. 일정한 정도를 넘었을 때 병에 이르게 된다."라고 말하고 있다. 예를 들어, 돌연 강렬하게 또는 장기적으로 정서[情志]에 자극을 받거나 인체 자체의 조절 범위를 초과하여 장부의 기혈이 문란해졌거나, 음양의 균형이 깨져 실조(失調)되었을 때에 비로소 질병이 발생하게 된다. 이때 비로소 칠정이 병을 일으키는 원인이 되는 것이다. 그것은 내상병(內傷病)에 이르게 하는 병의 주요 발생 원인 가운데 하나가 되므로 그것을 또한 '칠정내상(七情內傷)'이라고도 한다. 칠정내상의 병은 두 가지 방면의 내용을 포함하고 있다. 하나는 질병을 발생시키는 원인 또는 질병 유발 원인이다. 또 하나는 병의 상황을 발전시키거나 어떤 결과에 이르게 하는 것이다. 그 병의 특징은 육음(六淫)과 다르다. 육음은 입, 코, 피부로 침입하여 인체에 침습한다. 발병하는 초기에 표면적인 증상이 나타난다. 그러나 칠정내상은 직접적으로 상응하는 내장(內臟)에 영향을 주어 여러 가지 병을 일으킨다.

병(病)의 주요 특징은 다음과 같다. 첫째, 직접적으로 내장에 상해를 주고, 둘째, 장부의 기의 흐름[氣機]에 영향을 끼치고, 셋째, 대다수가 정서[情志]와 관련된 병증으로 발병하고, 넷째, 칠정의 변화가 병의 상황에 영향을 끼친다. 다음으로는 칠정이 일으키는 병의 네 가지 큰 특징을 서술하고자 한다.

1) 직접적으로 내장에 상해를 줌

정서[情志] 활동과 오장은 대응 관계로, 칠정이 지나치게 격하여 병을 초래하여 상응하는 장부에 손상을 끼친다. 『소문』「음양응상대론」에서 언급하기를 '노상간(怒傷肝)', '희상심(喜傷心)', '사상비(思傷脾)', '우상폐(憂傷肺)', '공상신(恐傷腎)'이라고 한다. 다른 정서[情志]의 자극으로 각 장기를 상해하는 것 이외에, 사람은 하나의 온전한 전체이기 때문에 『영추(靈樞)』「구문(口問)」에서도 "심이란 오장육부의 주인이다.

그러므로 비상수우(悲傷愁憂)하면 심(心)이 동(動)하고 심이 동하면 오장육부가 모두 흔들린다[心者, 五臟六腑之主也. … 故悲傷愁憂則心動, 心動則五臟六腑皆搖]"라고 말하고 있다. 각종 정서의 자극이 모두 심과 관련이 있다는 점을 말해주고 있다. 만약 심신이 손상을 받으면 기타 장부에도 영향을 줄 수 있다. 그러므로 심은 칠정이 발병하는 데 주도적인 역할을 한다. 그러나 임상에서 본다면 칠정이 병을 유발하는 것은 심, 간(肝), 비(脾) 삼장(三臟)에서 많이 볼 수 있다.[5]

2) 장부의 기의 활동에 영향을 줌

심신은 장부(臟腑)의 오르고 내리는 기운[升降之氣]을 조절하고 억제한다. 그리고 정서[情志]의 병에 이르는 것은 가장 우선적으로 심신에 상해를 준다. 이어서 장부의 기(氣)의 활동에 영향을 끼친다. 그러므로 장부의 기의 활동이 오르내리는 균형을 잃게 되고 이와 상응하는 임상 병증이 생기게 된다.

『소문(素問)』「거통(擧痛)」에서 말하길 "화가 나면 기가 올라가고, 기뻐하면 기가 완만하고, 슬퍼하면 기가 소실되고, 두려워하면 기가 하강한다. … 놀라면 기가 어지러워지고, 생각이 많아지면 기가 뭉친다[怒則氣上, 喜則氣緩, 悲則氣消, 恐則氣下, … 驚則氣亂, 思則氣結]"라고 한다.

'화가 나면 기가 상승한다[怒則氣上]'는 것은 과도한 분노가 간의 기운[肝氣]을 위로 솟게 하고, 혈은 기를 따라 역행하며 상승한다. 임상에서 자주 보이는 증상으로는 머리를 잡아당기는 듯한 두통이 오고, 얼굴과 눈이 붉어지고, 피를 토하고, 심지어 혼절할 수도 있다.

'기뻐하면 기가 완만하다[喜則氣緩]'는 것은 기쁨[喜]은 정신의 긴장을 완화시키고 마음을 가볍게 한다. 그러나 갑자기 지나치게 기뻐할[暴喜] 경우 심기가 흩어지고 정신을 못 차리게 된다.

'슬퍼하면 기가 소실된다[悲則氣消]'는 것은 지나치게 슬퍼하게 되면 폐의 기운에 손상을 준다. 숨이 짧아 가쁘고[氣短], 무력하고, 시들고 약해져서 떨치고 일어나지 못하는[萎靡不振] 상황이 된다.

'두려워하면 기가 하강한다[恐則氣下]'는 것은 과도하게 공포감을 느껴 신장의 기운[腎氣]이 튼튼하지 못하고 기가 밑으로 세어 대소변 실금이 자주 일어나게 된다.

'놀라면 기가 어지러워진다[驚則氣亂]'는 것은 갑자기 경기로 인해 심기가 산란해지고 마음이 의지할 바가 없어지고[心無所倚], 정신이 돌아갈 곳이 없어지고[神無所歸], 생각이 일정하지 못하여[慮無所定] 황망스러워서 어찌할 바를 모르는 현상이 나타난다.

'생각이 많아지면 기가 뭉친다[思則氣結]'는 것은 생각이 많아 과로하고 신경을 많이 써서 신(神)이 상하게 되고 비장(脾臟)이 손실을 입게 되어, 비장의 기운이 뭉치게 되므로[脾氣鬱結] 멍하니 감각이 없는 태체(呆滯), 건망(健忘), 불면증[失眠], 꿈이 많음(多夢), 복부팽만감[脘腹脹滿], 변이 묽어지는[便溏] 등의 증상이 생기게 된다.

3) 정서의 병증으로 많이 나타남

정서[情志] 방면의 질병의 발병 원인은 정서가 자극을 받는 것과 관련이 있다. 정서에 이상이 생기면 정서와 연관된 질병이 생기게 된다. 예를 들어 우울증, 간질 또는 흉비(胸痹), 어지러움 등 신심병증을 일으키게 된다. 정서를 자극함으로 인해 유발되는 다른 병증, 예를 들어 악성종양[惡性腫瘤], 소갈(消渴), 만성간담(慢性肝膽) 등과 같은 병증들은 대다수가 정서의 이상 현상을 보인다.

칠정은 상관된 장부와 관련이 있지만 주로 심(心)에 영향을 끼친다. 그리고 심은 정신의식, 사유활동을 주관하고 있다. 그러므로 칠정의 병은 대다수가 정서의 병으로 발전된다. 정서에 파동이 생기면 병증도 따라서 변화한다. 칠정이 유발한 질병의 병증 변화는 칠정과 밀접한 관련이 있다.

4) 칠정의 변화가 병증에 영향을 줌

병증에 영향을 끼치는 칠정의 변화는 두 가지로 볼 수 있다. 첫째, 질병 회복에 도움이 된다. 정서를 다루는 측면에서 만약 극히 낙관적인 태도를 취하고 칠정의 반응이 적당하다면 병증의 호전에 도움이 된다. 둘째, 병증을 가중시킨다. 만약 정서의 파동이 이상하고 비관적이고 소극적이고 침울하다면 병증을 가중시킬 수 있다.

병환은 친인척이나 지인들의 지지를 받고 힘이 생겨 마음의 긴장을 풀 수 있다면 좋아질 수 있다.

5. 음양오행

음양오행(陰陽五行)은 옛 사람들이 자연계를 인식하고 해석하는 세계관과 방법론이다.

1) 음양학설은 자연계와 상호 관련 또는 대립되는 속성을 해석

세계는 음양(陰陽)의 두 가지 기[二氣]의 상호작용에서 탄생하고 발전하고 생산·변화하는 것이라고 볼 수 있다.

음양학설은 1) 음양대립제약(陰陽對立制約), 2) 음양호근호용(陰陽互根互用), 3) 음양교감과 호장(陰陽交感與互藏), 4) 음양소장(陰陽消長), 5) 음양상호전화(陰陽互相轉化), 6) 음양자화와 평형(陰陽自和與平衡)과 같은 기본내용을 포함한다.

중의학에서 음양학설의 가르침은 성별의 차이만 말하는 것이 아니다. 거기에는 신체 내외의 차이, 주부[主副]의 차이, 그리고 전후의 위치를 말하기도 한다. 예를 들어 신체 내부는 음에 속하고 신체 외부는 양에 속하고, 앞면은 음, 후면은 양이다. 이 학설은 중의학 이론체계의 각 방면을 관통한다. 인체조직구성, 생리기능, 병리변화를 설명할 수 있을 뿐만 아니라 보건양생과 질병진단과 치료에도 활용할 수 있다.

양기는 신심발전의 과정 중에서 대단히 중요하다. 양기의 성쇠에 따라 사람의 외모, 경락, 행위, 심리, 체질 등이 변화한다. 그러므로 소아과, 남성과, 부인과, 노년병증과, 양생 등에 모두 실천 적용할 수 있다.

『영추(靈樞)』「통천(通天)」편에 "대개 태음인, 소음인, 태양인, 소양인, 음양평화인, 무릇 다섯 사람들은 그 형태가 다르고 근골기혈이 각기 다르다(蓋有太陰之人, 少陰之人, 太陽之人, 少陽之人, 陰陽平和之人, 凡五人者, 其態不同, 其筋骨氣血各不等)"고 하였다. 이는 음양의 많고 적음[多少]을 근거로 분류하여, 선천적으로 부여받은 체질의 유형 그리고 성격 특징 등의 차이에 따라 각각 다른 치료 법칙이 있다고 말해주고 있다.

음양은 중의학에서 가장 중요한 두 가지 기본원소이다. 음이 있으면 양이 있고 양이 있으면 음은 따라서 존재하기 때문이다. 음양상접(陰陽相接), 음양호보(陰陽互補), 음양의 상호교류, 음양의 상호교체, 음양의 상호왕래, 음양의 상호회전, 음양의 상호소장(消長), 이들은 모두 우주가 전체적으로 운동하고 작동할 때의 기본도리이다. 마치 컴퓨터처럼, 컴퓨터 자체는 속성이 없지만 컴퓨터의 전체적인 기본원리는 『역경』의 음양에서 온 것이다. 이러한 도리를 통해서 컴퓨터의 기본 언어를 발명해 냈다. 0과 1, 이 또한 전체 세계의 움직임과 작동이 의지하는 두 개의 기본원소임을 찾아냈다.

사람과 전체 물질계에 대해 말하자면, 음과 양은 비교할 수 없이 매우 중요하다. 이들이 없으면 이 세계는 모습을 이룰 수가 없다! 만약 음양이 협조를 하면 아름다운 산하 또는 아름다운 하늘이 생긴다. 사실 이러한 것들은 모두 음과 양이 서로 상호 손감하고 증장하는[消長] 도리이다. 색채의 변화, 각양각색의 색깔들은 모두 파장의 작용이다. 파가 길 때는 붉은 색이 많다. 파가 짧을 때의 하늘은 비교적 파란색이 많다. 그래서 우리가 보는 이 세계는 바로 이렇게 일곱 가지 색으로 조성되어 이루어진다. 일곱 가지 색이 서로 융합하고, 증감하고, 소장(消長)하여 세상에 색채가 이루어지는 것이다. 이것이 바로 우주의 비밀이다.

소리로 말하자면 소리는 음파이다. 음파는 고저가 있어 높고 낮은 음파가 아름다운 소리를 가져다준다. 이것이 바로 소위 말하는 듣기 좋은 음악이다. 그리고 잡다한 소리는 서로 화합을 이루지 못하고 고저가 너무 갑자기 높았다, 낮았다, 날카로웠다 하면서 화합을 이루지 못한다. 그래서 그러한 소리는 듣는 사람들이 불쾌감을 느낀다. 그러므로 소리가 높다가 낮다가 할 때 우리에게 들리는 소리가 화합을 잘 이루면 듣기 좋은 소리가 되고, 화합을 못 이루면 잡다한 소리로 들린다. 이것도 역시 서로 간에 일종의 소장의 힘이다. 너는 높고 나는 낮고, 너가 낮으면 난 높고, 너가 더 높으면 나는 더 낮고 또는 서로 밀고 당기거나 서로 의존하거나 서로 따라다니거나 하는 것이 바로 음악의 표현이다.

이것이 바로 우주의 커다란 이치이다. 모든 것은 음양의 구성조합으로 이루어진다. 음악도 음양, 파(波)도 음양, 물도 음양이고, 물도 파가 있다. 육지도 음양, 나무도 음양, 식물도 음양, 동물들은 더 말할 필요가 없다. 이것 역시 물질세계의 특색이다. 바로 음 속에 양이 있고, 양 속에 음이 있고, 음양이 어우러져 모든 것을 이루는 것이다. 음양의 상호작용은 이 세계에 여러 가지 활동을 형성시켰다. 음양의 교류는 이 세계에 일종의 조화로운 아름다움을 형성해 냈다. 음양이 서로 배척하여 세계에 많은 분란을 일으켰다. 음양의 상호격동은 이 세계에 많은 파문, 파란을 일으켰다. 그래서 옛사람들의 지혜는 대단한 것이다. 중국 고대 사람들은 일찍이 이러한 도리를 의학을 통해 보여줬고 세간에 알렸다. 이러한 도리는 수천 년 동안 연속되어 왔고 지금도 여전히 계속 발전하고 있다.

2) 오행학설에서 목, 화, 토, 금, 수는 물질세계를 구성하는 다섯 가지 기본 물질

오행은 상생상극(相生相剋), 상승상모[相乘與相侮] 한다. 임상에서도 정서[情志]를 사용하여 서로 상호제약된 관계를 사용해서 치료의 목적을 달성한다.

슬픔은 폐의 정서[悲爲肺志]이고 금에 속한다. 화는 간의 정서[怒爲肝志]이고 목에 속한다. 금은 목을 극할 수 있으므로 슬픔은 화를 이길 수 있다[悲勝怒]. 두려움은 신의 정서[恐爲腎志]이고 수에 속한다. 기쁨은 심의 정서[喜爲心志]이고 화에 속한다. 수는 화를 극할 수 있으므로 두려움은 기쁨을 이길 수 있다[恐勝喜]. 화는 간의 정서[怒爲肝志]이고 목에 속한다. 생각은 비의 정서[思爲脾志]이고 토에 속한다. 목은 토를 극할 수 있으므로 화는 생각을 이길 수 있다[怒勝思]. 기쁨은 심의 정서[喜爲心志]이고 화에 속한다. 우울은 폐의 정서[憂爲肺志]이고 금에 속한다. 화는 금을 극할 수 있으므로 기쁨은 우울을 이길 수 있다[喜勝憂]. 생각은 비의 정지[思爲脾志]이고 토에 속한다. 두려움은 신의 정서[恐爲腎志]이고 수에 속한다. 토는 수를 이길 수 있으므로 생각은 두려움을 이긴다[思勝恐].

비록 오행생극의 이치가 그 중요성이 확실히 있지만 심리 질병을 치료하는 임상에서는 정확하게 그 규율을 따라야 할 뿐만 아니라 구체적인 병증을 근거로 증상을 변증하고 치료하는 과정, 즉 변증론치(辨證論治)를 진행해야 한다.

제2절 불교의 조심 관련 이론

이번 절에서는 심(心)에 대한 불교의 견해, 병인, 좋은 의사가 되는 방법에 대해 논의하고자 한다. 그리고 약사불과 의료 그리고 부처가 과거세에 의술을 펼친 인연은 모두 불교의료법과 관련이 있다. 그러므로 여기서 함께 서술하고자 한다.

1. 심(心)에 대한 불교의 견해

『화엄경』 각림보살게송에서 다음과 같이 말한다.

> "마음은 그림을 그리는 화가와 같다. 능히 세상 모든 일을 다 그려낸다. 오온이 실로 마음으로부터 나온 것이므로 무슨 법이든 짓지 못함이 없다. 마음과 같이 부처도 그러하고 부처와 같이 중생도 그러하니 마땅히 부처와 중생의 마음도 그 체성도 모두 다함이 없다는 것을 알아야 한다. 만약 어떤 사람이 마음이 세간의 모든 것을 만들 수 있다는 것을 안다면, 그것은 바로 부처를 만난 것이며 부처의 진실성을 앎이다. 마음은 몸에 머물지 않고 몸 역시 마음에 머물지 않으면서 불사(佛事)를 실천할 수 있는 일은 일찍이 없었다. 만약 삼세 일체불을 알고자 한다면 법계의 진실성을 보라. 세상 모든 것은 오로지 마음으로 지은 것이다."[6]

『화엄경』에 각림보살의 게송이 나온다. 사람의 마음은 마치 화가처럼 자신의 세계를 그려낼 수 있다고 말한다. 왜냐하면 사람의 세계는 사람의 심소(心所)가 창조한 것이기 때문이다. 그렇기 때문에 즐거움 또는 근심 걱정 모두 자신의 심소에서 태어난 것이다. 사람의 번뇌 역시 그러하다. 심리적으로 일에 대한 사고가 다르기 때문에 자신을 즐겁게 만들거나 또는 상심하고 고통스럽게 만드는 것이다.

일상생활에서 예를 들어 밥 먹고, 잠자고, 청소하고, 생각하고 하는 모든 것이 심의 작용이다. 그러나 심은 또한 우리에게 많은 불필요한 번뇌를 가져다준다. 예를 들어 욕심, 진심, 치심, 망상, 명예심, 반연심(攀緣心) 등이다. 아무튼 사람이 일단 심원의마(心猿意馬), 즉 마음이 이 것저것에 반연하게 된다면, 마음이 이곳에 없다면, 심사가 번잡하다면, 마음에 내키지 않는다면, 근심 걱정이 심각하다면, 이럴 때면 번뇌가 오게 된다. 하물며 심리적인 질병으로 파생된 심리적인 여러 가지 괴로움은 더욱 그러하다.

사람이 만약 자기의 마음을 청정하게 할 수 있다면 번뇌는 생겨날 곳이 없다. 더군다나 심리적 질병도 없을 것이다. 그러므로 심은 진보할 수 있도록 도와줄 수 있다. 또한 수행에 장애가 될 수도 있다. 심은 성공을 가져다줄 수도 있고, 엉망진창으로 실패를 겪게 할 수도 있다. 심은 모든 것을 성취시킬 수도 있고 또한 모든 것을 무너트릴 수도 있다. 심은 공덕을 쌓을 수도 있고 악업을 만들 수도 있다.

총괄해서 사람이 번뇌가 없으려면 자심(自心)을 정화해야 한다. 불교에는 여러 가지 방법이 있는데, 귀납하면 자신의 마음을 청정하게 하여 번뇌를 제거하는 것이다. 청정함은 사람으로 하여금 마음을 가라앉히고 평화롭게, 마음과 정신을 안정되도록 한다. 비로소 번뇌를 멀리할 수 있는 것이다.

1) 무엇이 번뇌인가

번뇌(煩惱)는 범어로 kleśa, 팔리어로는 kilesa, 음역으로 하면 기리사, 또는 혹(惑)이라고 한다. 사람의 마음으로 하여금 괴로움[惱], 어지러움[亂], 귀찮음[煩], 미혹[惑], 더러움[汚] 등 정신작용을 일으키게 하는 총칭이다. 일체 오염된 것, 사람의 신심을 쉽게 어지럽히는 정신작용을 가리킨다. 의식적 또는 무의식적으로 여러 가지 욕망의 목적을 달성하기 위해, 만족을 위해, 자주 고락의 감정 속에 빠져 있어 번뇌의 속박을 초래한다.

깨달음[覺悟]은 불교의 최종목표이다. 깨달음을 방해하는 일체의 심의 작용은 모두 번뇌라고 통칭한다. 탐(貪), 진(瞋), 치(癡)가 주요 번뇌이다. 이는 모든 번뇌의 근원이기도 하다. 번뇌는 근본번뇌(根本煩惱), 지말번뇌(枝末煩惱) 두 종류로 나눈다. 또 백팔번뇌, 팔만사천번뇌설도 있다. 번뇌는 생사의 침륜을 초래한다.

'번뇌'는 중생의 진여불성(眞如佛性)을 덮어버리고 가로막는다. 또한 중생들 마음속에 선전[盤纏], 즉 휘감아서 마치 끈으로 꽁꽁 묶어버린 것과 같다. 사람은 번뇌로 인해 많은 고통과 부정적인 정서를 나타내게 된다. 심지어 이로 인해서 자살 또는 심리적 질병을 일으키기도 한다.

2) 번뇌의 종류

번뇌의 종류는 대단히 많다. 탐, 진, 치가 가장 근본적인 번뇌이다. '삼독(三毒)'이라고도 칭한다. 중생들이 선념(善念)을 일으키는 데 가장 심각한 방해를 주는 것들이다. 생명 개체로 하여금 무량겁 속에서 고난을 겪게 하면서 고해의 바다에서 벗어나지 못하게 한다. 또는 탐(貪), 진(瞋), 치(癡), 만(慢), 의(疑), 악견(惡見) 등 여섯 종류를 근본 번뇌로 여긴다. 이것으로 더 많은 번뇌로 뻗쳐나갈 수 있다. 예를 들어 간탐(慳貪), 인색, 질투, 이기심, 원한심, 집착, 분노, 산란함, 짜증나고 답답함 등이 그러하다. 그리고 불법은 번뇌를 '팔만사천'으로 무진장 많다고 형용한다.

탐심(貪心)은 끊임없는 욕구이다. 자신에게 속하지 않는 사람, 일, 사물을 자신의 것으로 소유하고 싶은 마음이다. 그리고 진에(瞋恚)는 마음속에 불평불만이 일어나는 것이다. 자신의 의견을 따르지 않는 사람, 일, 사물을 미워하거나 배척하거나 한다. 우치(愚癡)는 사리를 분명히 하지 못하는 것, 특히 우주의 진리에 대해서 그러하다.

사람에게 번뇌가 있는 것은 마음이 부단히 밖으로 추구하기 때문이다. 안이비설신의(眼耳鼻舌身意) 등 육근(六根)을 통해서 외부의 색성향미촉법(色聲香味觸法) 등 육진(六塵)을 반취(攀取)한다. 그런 후에 지혜를 덮어버리고 무명이 생긴다. 그러므로 불선(不善)의 행위를 나타낸다.

세친보살은 『백법명문론(百法明門論)』[7]에서 마음의 번뇌가 몇 종류인지 논하고 있다. 본서에서는 우주 만유를 중심으로 오위백법(五位百法)으로 나누겠다. 첫째, 심법(心法)에는 안식(眼識) 등 8종류가 있다. 둘째, 심소유법(心所有法)에는 변행(遍行) 등 6종류가 있다. 즉 변행(遍行)에는 작의(作意) 등 5종류가 있고, 별경(別境)에는 욕(欲) 등 5종류가 있고, 선(善)에는 신(信) 등 11종류가 있고, 번뇌(煩惱)에는 탐 등 6종류가 있고, 수번뇌(隨煩惱)에는 분(忿) 등 20종류가 있고, 부정(不定)에는 수면 등 4종류가 있다. 셋째, 색법에는 안(眼) 등 11종류가 있다. 넷째, 심불상응행법(心不相應行法)에는 득(得) 등 24종류가 있다. 다섯째, 무위법에는 허공무위 등 6종류가 있다.

백법(百法)에는 6항목의 번뇌가 있고, 20항목의 수번뇌가 있다. 전체 논서에서는 주로 '일체법무아'를 설명하고 있다. 만약 '아(我)', '법(法)'에 대한 집착을 제거할 수 있다면 모든 번뇌를 제거할 수 있다는 설명이다. 오위백법은 다음 그림 1과 같다.

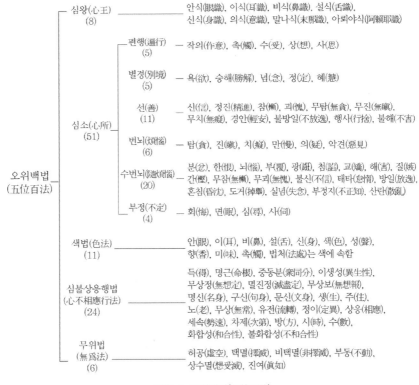

그림 1 오위백법(五位百法)

2. 병인

불교의 오명(五明)은 고대인도의 학술적 분류 방법을 따른 다섯 종류의 학문을 말한다. 그 가운데 '의방명(醫方明, cikitsā-vidyā)'은 '의명(醫明)', '의방론(醫方論, cikitsita)'이라고도 한다. 고대인도에서 질병, 의료, 약방에 관련된 학술이다. '명(明)'은 배울 '학(學)'의 의미이다. 경률(經律)에는 의료에 관한 기록이 매우 많다. 특히 율전(律典)에 첨병(瞻病), 즉 병을 보는 방법에 대해 매우 상세하게 기재되어 있다. 이는 불교의술의 중요한 사료이다.

대부분의 불교경전은 의료와 관련이 있다. 예를 들어 『불의경(佛醫經)』, 『의유경(醫喩經)』, 『마하지관(摩訶止觀)』, 『대지도론(大智度論)』, 『청정도론(淸淨道論)』, 『치선병비요경(治禪病秘要經)』, 『요치병경(療痔病經)』, 『약사경(藥師經)』, 『마하승기율(摩訶僧祇律)』, 『아함경(阿含經)』, 『석선바라밀차제법문(釋禪波羅蜜次第法門)』, 『범망경(梵網經)』, 『사분율(四分律)』 등이 있다.

1) 경전에서 중생들의 신심질병을 어떻게 치료할 것인가를 언급

예를 들어 『증일아함경(增一阿含經)』 12권, 181경에서 다음과 같이 말하고 있다.

"이렇게 들었다. 한때 부처께서 사위국 기수급고독원에 계셨는데, 그때 세존께서 여러 비구에게 이렇게 말했다. "삼대 병환이 있는데, 어떤 것을 삼대라고 하는가? 소위 풍이 대환이요, 담이 대환이요, 냉이 대환이다.

바로 이것을 말하는 것이다. 비구여! 이러한 삼대 병환이 있다. 그리고 이 삼대 병환에는 세 가지 양약이 있다. 어떤 양약인가? 풍환자는 연유[酥]가 양약인데, 즉 연유로 밥을 지어 먹는다. 담환자는 꿀[蜜]이 양약인데 꿀을 가지고 밥을 해 먹는다. 냉환자는 기름[油]이 양약인데 기름으로 밥을 해 먹는다. 이것이 그것이다. 비구들이여, 삼대 병환에는 이러한 삼대 양약이 있다."[8]

"이와 같이 비구에게도 삼대 병환이 있다. 어떠한 세 가지인가? 소위 말하는 탐욕, 진에, 우치이다. 이러하다. 비구에게 이러한 삼대 과환이 있다. 그리고 이러한 삼대 과환에는 삼대 양약이 있다. 어떠한 삼대인가? 탐욕이 일어날 때는 부정(不淨)으로 치료하고 부정도(不淨道)를 사유한다. 진에의 환자는 자심(慈心)으로 치료하고 자심도(慈心道)를 사유한다. 우치의 환자는 지혜로 치료하고, 인연으로 일어나는 도[因緣所起道]를 사유한다. 이것이 그것이다. 비구들이여, 이 삼환에는 삼약이 있다. 그러므로 비구들이여, 방편을 구하고 이 삼약을 구하도록 하라. 비구들이여, 이와 같이 배워야 하느니라!"[9]

부처는 신체의 풍, 담, 냉 그리고 심리적 탐, 진, 치 세 가지 질병을 지적했으며 또한 세 가지 양약을 제시했다. 즉 부정으로 탐욕을 대치하고, 자심으로 진에를 대치하고, 지혜로 우치를 대치한다.

2) 『불의경(佛醫經)』에서 사람이 병을 얻는 10가지 인연을 제시

"사람이 병이 생기는 것은 10가지 인연으로 인해서다. 첫째 오랫동안 앉아 있고 식사를 잘 안 하고, 둘째 과식, 셋째 근심 걱정, 넷째 과로, 다섯째 음란, 여섯째 진에, 일곱째 대변을 참고, 여덟째 소변을 참고, 아홉째 상풍(호흡, 하품 등)을 억제하고, 열 번째 하풍(방귀 등)을 억제한다. 이러한 10가지 인연으로 병이 생긴다."10

"또 말하시길 사람의 몸에는 본래 네 가지 병이 있다. 하나는 땅, 둘은 물, 셋은 불, 넷은 바람이다. 풍이 증가하면 기가 일어나고, 화가 증가하면 열이 일어나고, 수가 증가하면 추위가 일어나고, 토가 증가하면 힘이 성하다."11

이렇게 병환이 생기는 열 가지 인연 가운데 세 번째 근심 걱정과 여섯 번째 진에는 정서[情志]와 관련있다는 사실이 매우 분명하다. 그리고 어떤 것들은 생활습관에서 초래한 것이다.

3. 좋은 의사(良醫)가 되는 방법

『잡아함경(雜阿含經)』 15권, 389경 중에서 양의는 어떻게 병을 잘 알 수 있는가를 설명해준다.12

"어찌하여 양의(良醫)는 병을 잘 알고 있는가? 양의는 이러이러한 여러 가지 병을 잘 알고 있어 양의가 병을 잘 알고 있다고 말한다. 어찌하여 양의는 병의 근원을 잘 알고 있는가? 양의는 이 병의 원인이 풍(風)으로 인해서인지, 벽음(癖陰)으로 인해서인지, 침(涎唾)으로 인해서인지, 냉(衆冷)으로 인해서인지, 일(現事)로 인해서인지, 시절(時節)로 인해서인지를 잘 알고 있기 때문에 양의는 병의 근원을 잘 알고 있다고 말한다. 어찌하여 양의는 병에 대한 치료법을 잘 안다고 하는가? 양의는 여러 가지 병을 아는데, 어떤 병은 약을 발라야 하고, 어떤 병은 토해야 하고, 어떤 병은 배설을 해야 하고, 어떤 병은 코에 관비(灌鼻)를 해야 하고, 어떤 병은 훈기를 쬐야 하고, 어떤 병은 땀을 내야 하는지를 잘 알고 있기에 양의는 치료법을 잘 알고 있다고 한다. 어찌하여 양의는 병이 다 나아 다시 발병하지 않을 것을 알 수 있는가? 양의는 여러 가지 병을 궁극적으로 제거하고 미래세에 영원히 재발하지 않게 할 수 있으므로 양의는 치료법을 잘 알고 다시는 발병하지 않도록 할 수 있다고 말한다."[13]

"여래응등정각은 대의왕이시다. 사덕(四德)을 성취하시어 중생들의 병을 치료하는 데에도 역시 이러하다. 사덕이란 무엇인가? 여래는 이것이 고성제라는 것을 여실히 아시고, 이것이 고집성제라는 것을 여실히 아시고, 이것이 고멸성제라는 것을 여실히 아시고, 이것이 고멸도성제라는 것을 여실히 아신다. 여러 비구들이여, 세간의 양의는 근본 대치에 대해 여실히 알지 못하고 노, 병, 사, 우, 비, 뇌, 고에 근본 대치법도 여실히 알지 못한다. 여래응등정각께서는 대의왕이시다. 노, 병, 사, 우, 비, 뇌, 고의 근본 대치에 대해 여실히 알고 계신다. 그러므로 여래응등정각을 대의왕이라고 부르는 것이다."[14]

이상으로 양의는 질병의 근원과 대치하는 법을 잘 이해해야 한다는 것을 알 수 있다. 또한 사성제의 고, 집, 멸, 도를 사용해서 병의 치료 과정을 보여주고 있다. 생로병사는 인생에서 반드시 거쳐야 할 길이다. 아무도 피할 수 없다. 세간의 양의는 사람의 몸과 마음 등의 병을 치료할 수 있지만, 그러나 만약에 생, 노, 병, 사, 우, 비, 뇌, 고가 어떻게 일어나는지를 여실히 알 수 있다면 더욱 철저하게 생사, 번뇌를 해결할 수 있을 것이다.

『마하승기율(摩訶僧祇律)』은 28권에서 부처님께서 친히 환자인 비

구를 돌봐주신 내용을 언급하고 있다.[15]

"부처님께서 사위성에 계실 때 하루는 승방을 순시하러 가셨다. 아난이
그 뒤를 따랐다. 병든 비구 한 명이 분변 오물 속에 누워서 몸을 추스리지
못하고 있었다. 아무도 돌봐주는 사람이 없고 의지할 사람이 없었다. 부
처님께서 비구에게 위로의 말을 하면서 "옷을 이리 다오. 내가 빨래를 해
주마" 이때 아난이 부처님에게 "아닙니다, 세존이시여! 이 병자 비구의
옷은 제가 세탁해 오겠습니다." 부처님께서 아난에게 "너는 옷을 세탁하
거라. 내가 가서 물을 길어오겠다." 아난은 옷을 세탁했고 세존께서는 물
을 길었다. 빨래가 끝나자 햇볕에 말리고 분변 오물들을 제거해 주시고
침상에 더러운 침구 등을 다 꺼냈다. 그리고 병자 비구를 목욕시키고 다
시 침상에 잘 눕혔다. 이때 세존은 무량공덕의 장엄한 금색의 부드러운
손으로 비구의 이마를 만지면서 물었다. "병이 더하더냐 아니면 덜 하더
냐" 비구는 "세존의 손이 저의 이마를 만져주시니 모든 고통이 다 사라졌
습니다." 이때 세존은 비구를 위해서 설법을 해주셔 그로 하여금 환희심
이 일어나게 하였다. 그리고 또다시 설법을 하여 깨끗한 법안을 얻게 하
였다. 비구가 완전히 달라졌다. 세존은 비구 대중들에게로 가서 말했다.
너희들은 다 같은 수행자로서 병통이 있는 자를 서로 봐주지 않으면 누
가 돌봐줘야 하는가? 너희는 각각의 다른 성씨 다른 가정에서 믿음으로
인해 집을 떠나 출가를 했으며 모두 같은 사문 불제자인데 같은 수행자
끼리 서로 돌봐주지 않는다면 누가 돌봐준단 말인가?"[16]

세존께서 무량공덕으로 장엄한 금색의 부드러운 손을 비구의 이마
에 올리니 비구는 당장에 모든 고통이 다 사라졌다. 부처님이 이렇게

병을 치료하는 방식은 세간의 의술로는 따라올 수가 없다. 왜냐하면 이것은 일종의 가피력의 치료 작용이기 때문이다.

부처님께서 어떻게 환자를 돌봐주는지를 가르쳐 주셨다.[17] 『사분율(四分律)』 41권에서 다음과 같이 말하고 있다.

> "비구는 환자 비구를 돌봐야 한다. 환자를 지켜봐야 한다. 만약 나에게 공양하고자 한다면 환자에게 공양하는 것이 마땅하다. 그 비구, 화상, 아사리가 병이 났다면 제자들은 마땅히 가서 돌봐줘야 한다. 만약 돌봐줄 사람이 없다면 비구 대중들이 환자를 돌봐야 한다. 만약 못하겠다는 자가 있다면 차례대로 순번을 매겨서 시켜야 한다. 만약 차례대로 실천을 못하겠다면 법으로 다스린다."[18]

부처님께서 제자들에게 병환 중인 승려를 어떻게 돌봐야 하는지 가르치시면서 또한 당신을 공양하고자 한다면 응당 환자에게 공양해야 한다고 하셨다. 부처님은 환자를 자신의 가장 가까운 사람으로 여기고 환자에 대한 돌봄을 매우 중요시하셨다.

『마하승기율(摩訶僧祇律)』 28권[19]에서는 다음과 같이 말하고 있다.

> "만약 비구가 병이 생겼다면 응당 돌봐줘야 한다. 화상은 화상이, 아사리는 아사리가, 같은 방을 사용하는 자들끼리 서로 돌아가면서 돌본다. 병환에 따라 몇 명이 필요하다면 그렇게 해야 한다. 만약 돌보지 않는다면 모든 승려는 계율로 죄를 묻는다."

『범망경(梵網經)』에서 말하길 "팔복전 가운데 병자를 돌보는 복전이 제일의 복전이다(八福田中, 看病福田為第一福田)"라고 한다.[20] 『사분율(四分律)』에서 역시 말하길 "만약 나에게 공양하는 자가 있다면 응당 환자에게 공양해야 한다(若有供養我者, 當供養病人)"라고 부처님께서 말한다.

이상으로 알 수 있듯이 부처님께서는 교법 중에 질병의 원인뿐만 아니라 어떻게 양의가 되는지도 역시 알고 가르쳐 주셨다. 예를 들어 병환 중인 환자를 어떻게 돌보는지, 그리고 환자 돌봄을 제일의 복전으로 보아야 한다는 것이다.

4. 약사불과 의료

석가모니불은 약 2500여 년 전에 인도의 왕자로 태어났다. 그 후 중생들의 깨달음의 길을 찾아주기 위해 출가수행해서 성불하였다. 그가 인간 세상에서 성불하면서 또한 우리에게 다른 불보살을 소개해 주었다. 약사불은 중생들의 질병을 가장 잘 치료해 주는 부처이다. 그는 12 대원을 발원하였고 이후에 동방약사유리광정토를 성취하였다. 그중에 중생들 질병을 치료하는 것과 관련있는 『약사유리광여래본원공덕경』 경문은 다음과 같다.[21]

"여섯 번째 대원으로 내가 내세에 깨달음을 얻을 때, 여러 유정들이 몸이 불편하거나, 제근이 부족하거나, 추루하거나, 우매하거나, 눈이 안 보이거나, 귀가 안 들리거나, 목소리를 내지 못하거나, 벙어리거나, 경련을 일으키거나, 앉은뱅이거나, 곱추거나, 문둥병이거나, 간질이거나 여러 가지 병고에 시달릴 때 나의 명호를 들으면 모두 단정하고 영민하고 제근을 다 갖추고 모든 질병의 고통이 사라질 것이다. 일곱 번째 대원은 내가 내세에 깨달음을 얻을 때 만약 유정들이 병에 시달리고, 구제도 못 받고, 돌아갈 곳도 없고, 의사도 약도 없고, 친족도 집도 없고, 빈궁하여 고통스러울 때 나의 명호가 그의 귀에 들리자마자 모든 병들이 제거되고, 신심이 안락하고, 가족과 물자도 모두 부족함 없이 풍족할 것이며, 심지어 무상보리를 증득할 것이다."[22]

"열 번째 대원은 내가 내세에 깨달음을 얻을 때 만약 유정들이 왕법의 사실조사로 인해 꽁꽁 묶여 채찍을 당하고, 감옥에 갇히게 되거나, 형벌을 당하거나, 그 외의 무량 재난으로 욕을 당하고, 비통하게 핍박을 당하여 신심이 고난을 겪고 있을 때 나의 명호를 듣는다면 나의 복덕과 위신력으로 모든 고통에서 해탈을 얻을 수 있을 것이다."[23]

"이때 문수사리 동자가 부처님에게 말하기를 "세존이시여, 저는 상법(像法) 세상에 맹세코 여러 가지 방편으로 청정한 신심을 가지고 있는 선남자, 선여인 등이 세존, 약사유리광여래의 명호를 듣게 하오며, 심지어 잠을 잘 때도 부처의 명호가 그의 귓전에 들려 깨달음을 얻을 수 있도록 하겠습니다. 세존이시여! 만약 이 경전을 수지하고 독송하거나 그들을 위해 강설을 하고 스스로 경전을 필사하거나 또는 타인에게 사경을 하도록 하고, 공경하고 존중하도록 하고, 여러 가지 꽃향으로, 도향, 말향, 소향, 꽃다발, 영락, 번개, 기락 등으로 공양하고 오색 색색으로 장엄하게 꾸며주고, 청소를 깨끗이 하고 법좌를 높이 설치하여 평안하게 앉을 수 있도록 하겠습니다. 이때 사대천왕은 그의 권속들 그리고 무량 백천 천중들과 모두 그 자리에 와서 공양하고 수호하였다. 세존이시여! 만약 이 경전이 보존되어 전파되는 곳에 이것을 수지하고 이것으로 약사유리광여래의 본원공덕과 그의 명호를 들었다면, 이곳은 죽은 시체가 길에 누워있거나 또는 여러 악귀신들이 그의 정기를 앗아가는 일이 없을 것이며, 만약 앗아갔다고 하더라도 다시 되돌아와서 신심이 안정될 것입니다."[24]

이상의 경문으로 알 수 있듯이 『약사경』에서 약사불은 다른 부처와 남다른 점을 나타내고 있다. 12대원으로 그는 동방유리세계를 성취하게 되었다. 그의 원력으로 중생들이 질병으로 인해서 겪는 괴로움을 치료하는 부분은 매우 중요한 부분이다. 이 또한 그분이 약사불이 되었던 원인이다. 그 가운데 여섯 번째 대원에서는 "어느 누가 신심에 고통을 받고 있을 때 간질이든, 신체에 장애가 있든, 형상이 추루하든, 재난을 당했든, 누구든 어디에서든 그의 명호를 듣기만 하면 질병의 고통은 모두 소멸되고 신심이 안락해지기"를 발원한다.

약사불의 일곱 번째 대원에서는 "만약 장차 그가 이미 깨달았다면 그때는 중병으로 핍박을 당하거나, 구제해 줄 사람이 없거나, 의약이 없거나, 또는 빈궁해서 고통스러운 사람이거나 누구든 그의 명호만 들으면 질병은 완치되고 신심이 안락하고 물질생활 모두 부족함이 없거나 내지 깨달을 수 있기"를 발원한다. 열 번째 대원에서는 "내세에 증도각오(證道覺悟)할 때 제 중생들이 감옥의 재난을 받거나 또는 형벌을 받거나 그리고 많은 재난을 당하거나, 비통하고 수심이 차거나, 시달리거나, 신심에 고통이 있거나 할 때 그의 명호를 듣기만 하면 그의 복덕과 위신력으로 일체 고통에서 해탈할 수 있기"를 발원한다.

약사불은 치료방식을 그가 발한 대원력과 위신력으로 성취한다. 그가 중생의 몸의 고통 또는 마음의 고통을 치료하기에 약사유리광정토를 성취하였다. 원력이란 한 사람의 마음속에 최초의 동기와 가장 큰 동력으로 그의 최종목표를 달성하도록 사람들을 돕는 것이다. 약사불의 원력은 의술을 행하는 사람들에게 깨우침을 주었다. 만약 늘 환자들을 도와서 질병을 치료하는 선량한 동기를 가지고 환자들을 도와준다면 의술에 원력을 유지할 수 있으며 굳건하게 전진할 수 있다.

5. 석가모니불이 과거세에 의술을 행한 인연

『금광명최승왕경』「제병품(除病品)」에서 말하기를 석가모니불께서는 과거세 중에 줄곧 중생들을 가엾이 여기는 정서를 가지고 있었다. 어느 때에 일국의 장자인 지수(持水)의 아들로 태어났다. 이름은 유수(流水)였다. 아버지 지수는 그 지역에서 의술이 뛰어난 장자였다. 그러나 나이가 많아서 행동이 불편해 멀리까지 가서 백성들의 병을 치료해 줄 수가 없었다. 그리하여 유수는 그의 아버지에게 의술을 배워 아버지 대신 전국 방방곳곳으로 중생들을 치료해 주었다.[25]

"왕국에 지수라는 이름을 가진 장자 한 분이 있었다. 의술이 고명하시고 팔술(八術)에 능통하였다. 중생들의 병고, 사대부조화(四大不調和)를 모두 치료해 주었다. 선녀천이시여! 그때에 지수장자에게는 유일한 아들이 있었는데, 이름이 유수이고 용모가 단정하고 낙관적이고 총민하고 한가할 때 경론 읽기를 좋아하고 서책, 그림, 산수 등을 모두 통달하였다. 당시 왕국에는 수많은 중생들이 모두 역질에 걸려 고통에 핍박당하고 있어

기쁜 마음이 전혀 없었다."26

"선녀천이시여! 그때 장자의 아들 유수가 수많은 중생들이 병고에 시달리는 것을 보고 대비심이 일어나 그는 '무량중생은 지독한 고통으로 핍박을 당하고 있는데, 아버지는 의방을 잘 알고 팔술도 통달하셔서 중생들을 치료해 줄 수 있고 사대를 증손시킬 수 있으나 지금은 연로하셔서 늙으신 몸이 허약하시고 부축해줘야 겨우 발걸음을 떼실 수 있어, 성읍으로 가서 그들의 병고를 구제해 줄 수가 없다. 지금 무량 백천 중생들은 모두 중병에 시달리고 있는데, 구할 자가 없다. 나는 대의부에게 가서 병을 치료하는 의술 비방을 자문하여야겠다. 만약 해결이 된다면 성읍으로 가서 중생들의 여러 가지 질병을 치료해 주고 긴 밤에 안락을 얻도록 해 줄 것이다'라고 생각했습니다."27

아버지 지수는 그에게 팔술(八術)의 핵심을 가르쳐주었고 또한 의술을 행하면서 연민심과 자비심이 있어야 한다고 가르쳤다.

"먼저 자비심과 연민심을 일으키고 재물 등을 생각하지 말거라. 난 이미 너에게 치료법의 핵심 요지를 다 말해 주었다. 이것으로 중생들을 구제하면 무량한 과를 얻을 것이다."28라고 했다. 유수는 아버지에게 의술의 핵심을 배운 후 곧바로 각 지역으로 중생들의 병고를 치료하러 의행(醫行)을 나섰다.

"선녀천이시여! 이때 장자의 아들 유수는 친히 그의 아버지에게 팔술의 핵심을 물었습니다. 사대(四大)의 증손(增損)은 시절에 따라 다르기 때문에 약방을 사용하려면 아주 잘 알아야 합니다. 스스로 잘 헤아려야만 중생들의 병을 고칠 수 있습니다. 그는 즉시 성읍으로 갔습니다. 이어서 병고에 시달리는 백천만억의 중생들이 그에게로 왔습니다. 좋은 말로 위로하면서 이렇게 말했습니다. "나는 의사입니다. 나는 의사입니다. 약방을 잘 알고 있습니다. 오늘 당신들을 위해서 병을 치료해 드리겠습니다. 모두 치유가 되도록 하겠습니다." 선녀천이시여! 이때 무리의 사람들은 장자의 아들이 이렇게 위로하는 말로 병을 치료해 주겠다니 중병을 앓고 있던 수많은 중생들은 뛸 듯이 좋아했습니다. 일찍이 그렇게 기뻐한 적이 없었습니다. 이러한 인연으로 모든 병고를 다 깨끗하게 제거하고 기력이 충만하니 평상시처럼 회복되었습니다. 선녀천이시여, 이때 다시 치료하기 어려운 병고에 깊이 시달리는 수많은 백천의 중생들이 장자의 아들이 있는 곳으로 찾아와서 치료를 청했습니다. 장자의 아들은 묘약으로 그들의 병을 치료해 주었습니다. 선녀천이시여! 이 장자의 아들은 이 나라에서 백천만억 중생들의 병고를 치료하여 모두 편안하게 해주었습니다."[29]

이상 경문에서 알 수 있듯이 부처는 치병의 능력을 지니고 있다. 그것은 과거세에 그가 명의 지수의 아들 유수일 때에 아버지가 연로하심을 보고, 또한 수많은 중생이 병고에 시달리지만, 아무도 그들을 구하지 못하는 것을 보고, 대자비심을 일으켜서 아버지에게 의술을 배워서 각 마을로 다니면서 많은 사람들의 병을 치유해 주었다. 이 분은 의술만 정통한 분이 아니라 또한 자비심을 갖춘 의사이다.

본 절에서는 불교경전에서 조심(調心)이론에 관하여 논의하였다. 이상을 종합해보면 그 결과는 다음과 같다.

(1) 불교는 탐진치를 근본번뇌로 보고 있다. 그리고 사람의 마음에는 많은 번뇌가 있다. 이 번뇌들은 사람들의 마음이 안정과 청정함을 얻지 못하도록 장애가 된다. 이것 역시 심리 질병을 야기시키는 근원이다.

(2) 부처는 의술과 의덕(醫德)을 모두 겸비한 대의왕이다. 몸과 마음의 여러 병을 치료할 수 있다.

(3) 많은 불교경전은 질병이 일어나는 원인, 병의 인연을 말하고 있으며, 제자들에게 어떻게 양의(良醫)가 되는지를 가르쳐 주고 있다.

(4) 부처는 어떻게 환자를 돌보는지를 가르쳐 주고 또한 병을 돌보는 것을 제일의 복전으로 삼는다.

(5) 중생의 병을 치료하는 것은 원력으로 성취할 수 있다. 약사불은 12대원을 세워 중생들의 몸과 마음의 병을 치료하여 약사불과 동방약사유리광정토를 성취하였다. 약사불이 치병하는 방식은 일반적인 방식과 차이가 있다. 그의 명호만 들으면 질병이 치유되고 신심의 안락을 얻을 수 있다.

(6) 만약 어떤 사람이 일거수일투족에서 그의 정신의 상태[神態]가 편안하고 상서롭고, 맑은 마음에 욕심이 없는 생활을 하고, 탐도 없고, 도적질도 없고, 성냄도 없고, 마음이 평화롭고 게다가 사리가 분명하고 우매하지 않다면 이런 사람은 탐진치의 근본번뇌를 어떻게 떠나보내는지를 잘 알고 있다. 그러므로 더 이상 번뇌는 없을 것이다. 이것이 바로 불교 조심(調心)의 기본원칙과 방식이다.

제3절 조심이론 비교연구

중의학의 칠정학설(七情學說)은 고대 황제의 『내경(內經)』에 기재되어 전해 내려온 것이다. 만약 현대 심리학을 참조해 보면 단지 일곱 가지 정서만 있는 것은 아니다. 당시 사람들은 칠정으로 인류의 모든 정서를 해석했지만 사실 모든 정서 속에는 기타 다른 부분도 있다. 그렇지만 그 사람들은 당시에 이러한 것들을 고려하지 못하였고 특히 사상(思想) 방면에서 그러하다. 사상은 사실 매우 복잡한 것이다. 사상에는 많은 종류가 있다. 예를 들어 이것저것 생각하는 '망상', 이리저리 생각하는 우유부단, 너가 나에게 잘못했어라는 생각, 따지고 비교하는 생각, 왜 너는 다 있고 나는 왜 없어 하는 생각 등 이런 부분은 옛 서적에서 본 적이 없다. 그러나 현대인들의 심리연구에는 존재하고 있다.

번뇌 자체는 사람의 내면에서 생겨난 것이다. 번뇌와 정서가 드러나는 것은 직접적인 관계가 있다. 번뇌는 정서[情志]를 드러내지 못해서 생겨난 것이다. 번뇌는 정서적 곤혹이기 때문에 우리는 '번뇌'라고 칭한다. 번뇌의 종류는 매우 많다. 각각 다른 유형이 있는데, 예를 들어 세상사를 번뇌한다, 세상 사람들이 제도를 받지 못해서 번뇌한다, 돈이 없어서 내일을 어떻게 지낼지 번뇌한다, 결혼을 못해서 번뇌한다 등 이 모든 것이 번뇌이다.

초기불교 문헌에는 '칠정'이라는 용어를 사용하지 않는다. 탐진치 세 가지 번뇌를 조심수행의 장애로 보고 있다. 그리고 그것에서 확대되어 더 많은 번뇌가 나온다. 후기의 불교서적, 즉 북송 때 석도성(釋道誠)이 편찬한 『석씨요람(釋氏要覽)』에서[30] 비로소 희(喜), 노(怒), 우(憂),

구(懼), 애(愛), 증(憎), 욕(欲) 칠정을 거론한다. 이 책의 내용은 국내외 문헌을 인용해서 주해를 더했다. 일반 스님들에게 불교의 지식을 이해시키려고 편찬한 것이다. 내용으로는 불교 기본개념, 사원의궤, 법규와 승관제도 등의 단어의 사전적 의미를 모아서 편찬했다. 대정장(大正藏) 제54책에 수록되어 있다. 『석씨요람』이 비록 후기 불서라서 불교원전이라고 할 수는 없지만 그래도 탐진치와 중의학의 칠정을 대조하고 참고할 만한 가치가 있다고 생각된다.

불교에는 '정서(情緒)'라는 단어가 없다. 불교에는 '번뇌'라는 단어를 사용한다. 불교가 비록 이른바 '정(情)'을 사용하지만, 예를 들어 유정(有情), 사랑(情愛)처럼 말하고 있지만 '정서'라는 단어는 거의 사용한 적이 없다. 이것은 현대인들이 사용하는 단어이다. 마찬가지로 중의학에서도 '정서'라는 단어를 사용하지 않는다. 고대의 서적에는 모두 '정지(情志)' 두 글자를 사용한다.

그림 2와 그림 3은 중의학의 칠정과 불교의 근본번뇌를 비교한 것이다. 그림에서 실선은 직접적인 관련을, 점선은 간접적으로 관련이 있음을 나타낸다.

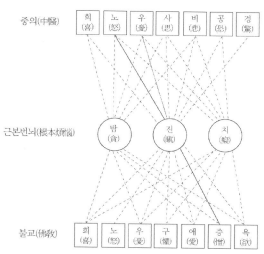

그림 2 중의학과 불교의 근본번뇌와 칠정 비교

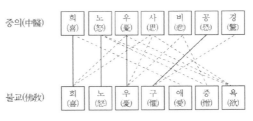

그림 3 중의학과 불교의 칠정 비교

1. 중의학의 칠정과 불교의 탐진치 비교

여기에서는 우선 중의학의 칠정(七情)과 불교의 근본 번뇌를 비교해 보고자 한다. 탐진치(貪瞋癡)가 불교의 근본 번뇌이기 때문에 이 삼자에서 더 많은 번뇌가 파생된다. 그러므로 탐진치 삼자를 불교, 중의학에 놓고 비교해 보고자 한다.

'탐(貪)'은 욕(欲)과 관계가 있다. 욕망으로 인해서 탐이 생기고 탐심, 탐념으로 인해 또 애증이 얽히는 정서가 생겨난다. 탐념(貪念)의 대상은 많다. 자신의 부분을 탐념하는 것을 보면 자신의 미모, 자신이 소유하고 있는 것들이 있다. 자신에 소속되지 않은 탐념에는 남이 소유하고 있는 것들, 남의 미모, 남의 재물, 남의 권위, 남의 명성 등이 있다. 물론 여기에는 비교하고, 견주어 따지고, 질투하고, 애증심 등이 있다. 탐념은 사실상 많은 정서와 연결할 수 있다. 그래서 그것은 희(喜), 노(怒), 우(憂), 사(思), 비(悲)와 모두 관련있다.

진(瞋), 진한(瞋恨)은 일종의 분노, 성냄이다. 진심이 자주 일어나면 악나찰(惡羅刹)처럼 변하게 된다. 진심이 없다면 불보살과 같다. 진심이 어쩌다 일어나고 어쩌다 없으면 마치 사람과 같다. '진(瞋)'은 성난

불이 활활 타오를 때 어떤 것을 막론하고 생명조차 돌보지 않는다. 그래서 진심은 사실상 격렬한 것이다. 진심이 일어날 때는 누구도 막을 수가 없다. 그래서 진심이 일어날 때 집안뿐만 아니라 나라까지 망하게 할 수 있다. 완전히 이성을 잃어버리기 때문이다. 마치 친한 친구끼리 술을 먹다가 말 한마디 잘못해서 화가 나면 폭력이 생기고, 서로 상해를 입히고, 목숨도 사라지고, 살해할 수도 있는 것과 같다.

그러므로 진노는 매우 무서운 번뇌이다. '진'이 있으면 사람은 안정될 수 없다. 진심이 일어날 때는 사람은 끝장을 보게 된다. 진심이 어느 누구와 반연할 때 이 사람은 마치 나찰과 같다. 그래서 빨리 그 진심을 멈추게 할 방도를 생각해야 한다. 절대로 그 싹을 서둘러 키워서는 안 된다. 진심을 완화하는 방법으로 이끌어 풀어나가야 한다.

진심은 감염되는 것이다. 때로는 대중들이 함께 있을 때 서로 간에 전염이 된다. 거짓말이 또 거짓말이 되어 와전되고 공분(共憤)을 일으키게 된다. 대중들의 정서를 격앙시키고 심지어 정서를 폭발시켜 파괴하는 행위를 하기 시작한다. 예를 들어 함께 시위를 하다가 폭력행위가 나타나듯이 말이다.

진심 자체가 일종의 항복시키기 어려운 번뇌이다. 진심 자체는 그냥 그렇게 일어나는 번뇌이다. 진심이 일단 일어나면 그것을 멈추게 하려면 쉽지 않다. 그래서 진심이 만약 작은 노기(怒氣)이면 짧은 시간 지속될 것이고 만약 크게 노(怒)하면 어쩌면 평생의 일이 될 수 있을 것이다. 그러므로 이러한 번뇌는 어떻게 다스려야 하는가? 원한을 내려놓고 서로 간에 관용으로 용서를 해야 한다. 그러나 그것이 쉬운 것이 아니다. 마치 나라와 나라 사이의 전쟁이 끝이 없는 것처럼 미국과 이라크의 전쟁처럼 세세생생 끝이 안 난다. 그러므로 진심은 때로는 군중들의 힘을 결집해서 수단과 방법을 가리지 않고 목적 달성을 하고자 한다.

'진'은 중의학의 칠정과 어떻게 연결되는가? 중의학 칠정에서 '노'와 '진'은 직접적으로 관련이 있다. 그리고 기타 정서, 예를 들어 우(憂), 비(悲), 공(恐) 역시도 연대 관계가 있다고 본다. 왜냐하면 진심은 때로는 우려 걱정이 과다해서 생기는 것이기 때문이다. 예를 들어 어린아이가 말을 안 들으면 어머니는 걱정이 많다. 그리고 화를 내기도 한다. 이것이 바로 복합적인 정서이다.

'진'과 '노'는 당연히 관계가 있다. 진과 '우(憂), 사(思), 비(悲), 희(喜), 공(恐), 경(驚)'은 모두 연결이 된다. 그래서 근본 번뇌로부터 나타나는 번뇌는 참으로 적지 않다. 예를 들어 어떤 것을 반드시 구하고자 할 때, 또는 어떤 사람을 사랑하는 데 그 사랑을 얻지 못할 때, 그 사랑이 미움으로, 원한으로 변할 수가 있다. 심지어 죽이고 싶을 수도 있다. '진'은 바로 커다란 번뇌를 나타나게 하는 근원이다. 진은 인류의 폭력 또는 충동적 행동을 동반할 때도 있기 때문이다. 진이 만드는 상해는 사실상 탐과 치보다 훨씬 심각하다. 예를 들어 나라와 나라 간의 전쟁, 사람과 사람 간의 비교, 물품의 약탈, 그리고 구부득(求不得)으로 인한 뼈에 사무치도록 미워하고 원한을 가지는 상황이 그러하다. 그러므로 '진'의 번뇌는 예상 불가능한 결과를 가져온다.

'진'의 정서가 만약 일어나게 되면 자신을 억제할 방법이 없다. 그래서 화근이 된다. 게다가 이로 인해서 남의 생명까지 위태롭게 할 수 있다. 사실상 이러한 정서는 생활 속에 크고 작은 것들이 항상 존재하고 있다. 작게는 작은 화를 내게 되고 잠시 후에 그것이 사라지고, 크게는 집안을 망치고 나라를 망하게 할 가능성도 있다. 그러므로 '진'은 자신과 타인에게 많은 번뇌를 가져다준다.

'진'심이 일어날 때 남이 사고를 당한 것을 보고 즐거워할 수도 있다. 그 사람이 싫은 사람이라면 남의 불행을 보고 암암리에 즐거워한다. 그래서 '진'과 '희(喜)'가 연결 관계가 있다고 보는 것이다.

그리고 '진'이 '우(憂)'와 관계가 있는 것은 만약 어떤 사람이 걱정하는 일이 발생하지 않았다면, 마치 엄마가 아이를 걱정하면서 왜 이렇게 늦게까지 안 돌아오는 거니? 그리고 아이가 집에 무사히 돌아온 것을 보고 또 화가 나서 아이를 야단치게 된다. 그래서 '진'과 '우'는 연결 관계가 있다고 볼 수 있다.

그러면 '진'과 '비(悲)'는 왜 연관이 있는 것일까? 비통할 때 분노, 성냄과 연결된다. 예를 들어 한 가정에 세 식구 또는 네 식구가 있는데, 남편이 갑자기 교통사고가 나서 모든 일을 부인이 맡게 될 때, 부인의 비통한 정서에는 분노도 섞여 있을 수 있다. 왜냐하면 그녀는 남편이 왜 사고가 나서 모든 것을 자신이 맡아야 하는지, 모든 것을 자신이 혼자서 처리해야 하는지 탓하게 되기 때문이다. 아이들을 홀로 돌봐야 하고 또 집안의 경제적인 문제도 홀로 감당해야 한다. 그래서 비통함은 때로는 분노와 성냄이 따라오게 된다.

어떤 진심은 '공(恐)'으로 인해 일어난다. 예를 들어 자신의 생명이 위협을 당할 때, 공포심에 둘러싸이게 된다. 그러나 또 한편으로는 화가 난다. 상대방은 왜 자신의 생명을 위협하는지에 대해 화가 난다. 이것이 바로 진과 공의 연결 관계이다.

'치(癡)'는 우주 운행의 진정한 도리를 모르고 일상생활에서 흐리멍덩하게 이해를 못하는 심리상태이다. 불교에서 '치(癡)'는 일종의 무명에 대한 근본 번뇌 '치'이다. 그것은 많은 번뇌를 파생시킨다.

'치'는 세 가지 결과를 만들어 낸다. 첫째 생사윤회를 만들어 내고, 둘째 두뇌가 명확하지 못하고, 셋째 일을 할 때 사리 분별을 못 한다. 그러므로 기타 정서와 연결된다. 예를 들어 뚜렷하지 않고 명백하게 알지 못해서 사람에 대한 오해가 생기고, 심지어 미움과 원통한 증한(憎恨)의 정서를 일으키게 된다. 또는 사리가 불분명하므로 태도를 명확하게 표현하지 못하게 된다. 그리고 사리가 불분명하므로 국가 대사를 망칠 수도 있다. 의사가 사리가 불분명하면 진단에 오진이 있을 수 있다. 이것이 치심에서 나타나는 악과(惡果)이다. 그러므로 세 가지 근본 번뇌는 많은 번뇌와도 관련이 있다. 사람의 번뇌는 모두 기본적으로 이 세 가지에서 오게 된다.

'치'는 어떻게 칠정과 연결되는가? 치와 '희(喜), 노(怒), 우(憂), 사(思), 비(悲), 공(恐)'은 관련이 있다. 모두 연결 관계가 있다. 단지 치심이 일어날 때 이 번뇌는 여러 가지 다른 정서를 겸하게 된다. 여러 가지 정황에서 여러 가지 정서적 반응이 나타난다. 그래서 그것은 중의학의 칠정과 서로 연결시킬 수 있다.

'노'는 '진'과 연결될 뿐만 아니라 '탐', '치'와도 연결이 된다. 사람은 탐심으로 인해 얻지 못해 분노하고 사리가 불분명하기 때문에 분노할 수도 있다.

'우(憂)'는 괴로울 고(苦)와 관련이 있다. 구하고자 하나 얻지 못하는 [求不得] 고로 인해 '우'가 된다. 애별리고(愛別離苦)에서도 '우'가 온다. 사랑을 얻지 못할 때도 '우'가 온다. 그래서 '우'는 탐진치와 모두 연결 관계가 있다.

'비(悲)'는 탐진치와 모두 관련이 있다. 왜냐하면 '탐'은 끝없이 욕심이 생기고, 즐거움이 극에 달했을 때 슬픔이 생기기 때문이다. 그리고 말로 표현할 수 없는 '비분(悲憤)'은 일종의 비(悲)의 복합적 정서이다. 그래서 비와 치는 연결 관계가 있다. '치'는 사리가 불분명하여 온 우주의 진리를 잘 모른다. 그래서 윤회를 계속하고 있다. 이 얼마나 슬픈 일인가? 어두운 밤에 이 일이 생각날 때 가슴에 손을 얹고 자문해 보면 자신도 모르게 슬퍼진다. 그래서 '비'와 '치'는 연관성이 있다. 그러므로 중의학의 칠정(七情)은 불교의 탐진치 번뇌와 모두 연결 관계가 성립된다. 비록 하나는 칠정이라고 부르고 하나는 번뇌(煩惱)라고 부르지만, 사실 그들 모두 서로 영향이 있는 것이다.

불교의 탐진치와 칠정의 연결 관계에 대해서는 불교의 '희(喜)'와 탐진치 모두 관련이 있다. 왜냐하면 '희'는 일종의 기쁨이고 즐거운 마음이기 때문이다. 그래서 사람들은 기쁨을 탐한다. 진심이 농후할 때 타인이 곤란한 일을 당하면 암암리에 기뻐한다. 치심으로 망상을 할 때 기쁨이 얼굴에 가득하다. 이 또한 일종의 '희(喜)'이다.

'구(懼)'는 두려움이다. 진과 치와 모두 관련이 있다. 사리에 불분명하기 때문에 알 수 없는 공포감, 두려움이 나타난다. 예를 들어 생사는 우주 불변의 도리이다. 그러나 사리가 불분명하여 죽음에 대한 공포심을 가지게 되어 진심이 나타날 수 있다.

'애(愛)' 자체는 세 가지로 총결할 수 있다. 애, 탐애, 애집(愛執)이다. '한(恨)'은 미움으로 인해서 사랑과 미움이 교차되어 진(瞋)이 나타날 수 있다. 그래서 진과 관련이 있다. 치심으로 인해 멍청하게 기다리고 있는 것도 일종의 '애'의 표현이다. 그래서 '애'는 탐진치 모두와 관련이 있다.

'증(憎)'은 탐과 진과 관련이 있다. 탐심과 욕망을 만족시키지 못하여 진심, 증한심(憎恨心)이 일어난다.

'욕(欲)', 탐욕은 고통이다. 원하는 것을 얻지 못할 때 화가 난다. 그래서 진과 욕은 연결 관계가 있다.

'치(癡)', 치심도 일종의 욕망으로 전개될 수 있다. 또 얻고자 하는 욕구도 있다. 그래서 치심은 욕망과 함께하는 상황이 될 수도 있다. 예를 들어 백치처럼 기다림, 욕망이 만족되지 못할 때 노기가 충천하고, 욕심이 생기고, 우울하고, 안절부절하게 되고, 슬프고, 비통하고 등의 상황이 나타날 수 있다. 이것이 욕망과 연결된 주된 감정들이다.

2. 중의학의 칠정과 불교의 칠정 비교

이어서 중의학의 칠정과 불교 칠정의 비교연구를 설명하겠다.

중의학과 불교 칠정 가운데 희(喜), 노(怒), 우(憂), 그리고 공(恐)과 구(懼) 모두 직접적인 관계가 있다. 또한 서로 연결 관계가 있다. 그러나 여기서는 특별히 우(憂), 공(恐), 경(驚), 증(憎), 욕(欲)에 대해서 상세하게 설명하겠다.

'우(憂)'는 근심, 걱정이다. 일종의 비교적 저조한 마음 상태에서 깊은 생각에 빠지는 사려(思慮)이다. 그러므로 '우'와 '사(思)'는 서로 관계가 있다. '우'는 중의학의 비장(脾臟)과 연결된다. 비장은 습(濕)에 속하기 때문에 사람이 습기가 비교적 많을 때 수분이 만연하여 생각을 억제하지 못하게 되어 일으키는, 일종의 물이 화를 이기는 수극화(水剋火)의 상황이다. 수가 많으면 화의 양기를 억압하게 되고 따라서 오히려 신체가 비교적 저조한 상황이 되며, 그래서 감정에 영향을 주게 된다. 그러므로 '우'는 사실상 신체의 사대(四大)로 말하자면 수(水)가 과도하게 많아서 만연된 상황이다.

'공(恐)'은 공포스러움, 두려움이다. 왜 두렵고 공포스러운가? 사람이 어떤 무서운 정황에 처했을 때 아드레날린[腎上腺素]이 증가하여 신속하게 반응하도록 한다. 그러나 신체 행위로 하는 빠른 반응은, 심리적으로 정황이 과도하게 두렵다면, 사람은 자연적으로 일종의 공포심리가 발생하게 된다. 그러므로 두렵고 무섭고 하는 것은 '공(恐)'과 관련이 있다. 그래서 '공'은 일종의 수대(水大)의 현상이다. 왜냐하면 '공'은 어디든 막힘없이 들어가고, 공은 신체 내에서 순환한다. '공'은 일종의 신경이 긴장되는 현상을 조성한다. 이것이 바로 몸과 마음이 서로 움직여서 서로 영향을 준다는 증명이 된다.

'공'은 많은 원인들과 관련이 있다. '공'은 마음속이 극도로 두려운 표현이다. '공'은 신체 신경계가 긴장을 일으키고 호흡이 긴박하고 체력이 소모되는 현상까지 나타낸다. 불교의 선수행(禪修行), 염불, 정심(靜

心) 등의 수행은 모두 '공'의 형상, '공'의 정서를 없애는 데 효과가 있다. 중의학에서 말하는 정서[情志]에서 '공'은 당연히 '구(懼)'와 관련이 있다. 중국어에서는 몹시 두려운 것을 '공'과 '구'를 함께 '공구(恐懼)'라는 단어로 사용하고 있다.

'경(驚)'은 중국어에서 수총약경(受寵若驚), 불경불구(不驚不懼), 수경여토(受驚如兔), 경혁해파(驚嚇害怕), 경칩(驚蟄) 등의 용어들에 사용된다. 중국어에서 형용사 수총약경(受寵若驚)은 비교적 긍정적인 정서의 반응을 나타낸다. 비록 '경'자가 있긴 하지만 말이다. 그렇지만 경혁해파(驚嚇害怕)는 부정적인 정서를 말한다. 이러한 단어를 사용할 때는 심리적으로 갑작스러운 자극을 받아서 신체로 나타내는 반응을 말한다. 그래서 '경'은 심리적으로 신체에 영향을 끼치는 중요한 관건이다.

그러나 불교에서 '구'는 '경(驚)'과 연결 관계가 있다. 사람이 '경', 즉 놀랄 때 마음속에 공포심이 생기게 된다. 그러므로 그들은 관련이 있다.

'증(憎)'은 불교에서 한(恨)을 대표한다. 대단히 미워함을 '증한(憎恨)'이라고 표현한다. 증한부이(憎恨不已)라는 말은 뼛속까지 미워한다는 의미이다. 사람을 극도로 미워하면 상상치 못한 결과를 가져올 수도 있다. '증'이라는 글자는 비교적 극단적이다. 이 글자의 정서가 유발되었을 때 심리적으로 극도로 평온하지 못하고, 극도로 조용하지 못하고, 마음속에서 이랬다저랬다, 오르락내리락 안정시킬 방법이 없다. 그러므로 이 증의 상태를 불교에서 여러 가지 방법으로 다스린다. 예를 들어 타인을 증한(憎恨)할 때 자비관(慈悲觀), 관인연(觀因緣), 관사념처(觀四念處)의 관수시고(觀受是苦)를 수행한다. 이상의 분석으로 '증'과

'노'는 관계가 있다는 것을 알 수 있다. '중'은 생각지 못했던 결과를 가져올 수 있다. 예를 들어 화가 극에 달하면 '비'가 생긴다는 의미가 바로 그러하다. 사람이 이성을 잃으면서 화를 낼 때 그는 어쩌면 이성을 잃고 사람을 상해할 수 있다. 그렇게 비참한 사건이 발생한다. 그러므로 '노극생비(怒極生悲)'라고 말한다. 중한하면 화가 생긴다. 중과 노는 연대 관계가 있다.

'욕(欲)'은 불교에서 여러 가지가 있다. 욕망도 여러 종류가 있다. 욕망은 마음속에 있고, 사람은 이 세간에서 갈망하는 것들이 참 많다. 예를 들어 애욕, 식욕, 자동차, 미인, 명망, 지위, 고위관직, 후한 녹봉 등 여러 가지 욕망은 헤아릴 수가 없다. 이것 또한 사람의 마음을 평온하게 두지를 않는 원인이다. 불교에서 대치방법은 사념주(四念住)의 관법무아(觀法無我)이다. 만약 사람이 자신의 신체는 오온화합으로 이루어진 것을 이해한다면 이런 것에 연연할 필요가 없게 된다. 신체는 단지 사람의 몸을 성장시키는 도구일 뿐이기 때문이다.

사실 정서는 서로 감염된다. 일종의 정서는 또 다른 일종의 정서와 연결된다. 그들은 왔다 갔다, 반복 또 반복한다. 정서는 이렇게 복잡한 것이다. 한 개의 정서가 기타의 정서와 동반하게 되고 그러므로 사람이 치료를 받을 때 그의 정서의 개선, 정서와 신체 질병의 관계를 주의해야 한다. 이것은 치료할 때 가장 유의해야 할 사항이다. 중의학에서 이 방면을 치료하는 데 장점이 바로 신심(身心)을 함께 관조하는 것이다. 전체적으로 함께 치료를 한다. 약 처방전으로 사람 마음을 평온하게 할 수 있기도 하고, 동시에 심장병도 치료할 수 있다. 사람의 정신적인 불안을 치료할 수 있고, 불면증도 치료할 수 있다. 또한 동시에 허리가 아프고, 팔다리가 아픈 증상도 치료할 수 있다. 이것이 중의학의 장점이다. 또한 이는 서양의학에서 하지 못하는 것이기도 하다. 서양의학은 너무 세분화된 것이 단점이다.

중의학은 전체적으로 관조한다. 머리가 아프면 머리만 치료하고, 발이 아프면 발만 치료하고 그렇게 하지 않는다. 중의학은 전체적으로 관찰하고 전체적으로 치료한다. 불교는 주로 사람의 번뇌를 치료한다. 정서와 질병의 치료는 사람의 번뇌를 치료할 때 관찰할 수 있는 부분이다. 즉 소위 가치작용을 말하는 것이다. 왜냐하면 사람의 번뇌를 치료하게 되면 연대 관계로 인해 신심도 건강해지기 때문이다.

이상은 중의학과 불교의 정서[情志]와 번뇌 방면에 대한 비교이다. 그리고 중의학과 불교의 칠정에 관한 비교이다.

3. 인류의 복잡한 정서

이상 두 개의 그림에서 본 각종 정서의 연결관계 이외에 또 기타의 연결 방식이 있을 수도 있다. 그러나 앞의 그림의 연결관계를 봤을 때 사람의 정서는 매우 복잡하다는 것을 발견할 수 있다. 하나의 정서가 하나의 정서와 연결되고, 때로는 하나의 정황이 나타났을 때 여러 가지 정서가 함께 일어나기도 한다. 불교에서 말하자면 여러 가지 번뇌가 잇따라서 일어나는 것이다. 그림의 연결선이 끝없이 그려질 것 같은 것을 발견할 수 있다. 그것은 사람의 정서가 얽히고설켜 복잡하기 때문이다. 사람은 여러 가지 정서가 있으므로 매우 복잡한 생명체이다. 이것이 바로 왜 사람은 이렇게 복잡한 정서로 인해 신체상에 늘 복잡한 정서의 영향을 받는 것인가에 대한 원인이다.

정서가 헝클어지고 얽히고, 정서가 복잡하고, 정서가 나타났다 사라졌다, 정서가 또는 강하게 또는 미약하게, 정서가 또는 좋게 또는 나쁘게, 정서가 이리저리 왔다 갔다, 정서가 또는 앞에서 또는 뒤에서, 정서가 지속되는 시간이 또는 길게 또는 짧게 나타난다. 정서는 권력을 잃어버리게 하고 나라를 욕되게 하기도 하고, 또는 한 나라의 영웅이 될 수도 있다. 이렇게 복잡한 정서는 이렇게 복잡한 인류의 심리이기에 병이 날 수밖에 없다. 그러므로 마음을 조절하는 조심(調心)을 어떻게 해야 하는가? 일반적인 의약으로는 단지 일시적인 치료를 받을 수 있다. 상황이 나타나면 정서는 또다시 재발한다. 그러나 외재적인 상황은 우리가 완전히 장악할 방법이 없다. 그래서 조심은 자기로부터 다루어야 할 필요성이 있다. 그렇게 해야지만 진정으로 신심이 건강해질 수 있다.

그래서 중의학에서는 타력(他力)의 치료를 하고 불교에서는 자력(自力)의 정심(淨心)을 한다. 이 양자를 서로 비교해 보면 그들의 차이를 명확하게 알 수 있다. 하나는 의학이고 하나는 생명의 인지이다. 기본적으로 모종의 차이점이 있지만 또한 같은 점은 모두 조심(調心)이다. 모두 조심의 이론과 방법이 있다. 단지 그들의 근본적인 시작점이 다르다. 그러므로 파생하는 치료 방식은 다를 수밖에 없다.

인류의 정서로 말하자면, 통상적으로 단지 한 가지 정서만 마주하고 발생되는 것이 아니다. 때로는 각기 다른 정서가 혼잡하게 섞여 있다.

슬픔의 상처는 사실상 분노를 수반하고, 많은 감각의 발생을 수반하기도 한다. 게다가 사람마다 그들의 정서적인 표현 방식이 다르다. 어떤 사람은 부르기만 하면 욕을 하고, 어떤 사람은 속마음을 다 털어놓고, 어떤 사람은 알 수 없는 원망을 품고, 심지어 어떤 사람은 답답하게 속으로만 앓고 있다. 그런 사람의 정서와 표현 방식은 끝없이 복잡하다.

이렇게 복잡한 정서, 사람과 사람 사이에 서로 소통할 때 때로는 비교적 따지고, 때로는 잔머리를 굴리기도 하고, 때로는 끝도 없이 붙들고 늘어지고, 때로는 심지어 죽이고 싶을 정도로 미워하기도 한다. 그러므로 이런 여러 가지 정서의 발전은 긍정적인 면과 부정적인 면이 있다. 이러한 것들이 모두 한 사람의 몸에 혼잡하게 있다. 그래서 조심은 응당 표면과 근본을 치료해야 한다[治標治本]. 조심은 일시적인 것이 아니다. 아주 긴 시간의 연습을 통해서 행해야 한다. 조심은 이번 생에만 해온 것이 아니다. 그것은 세세생생 누적된 성과이기도 하다.

이상은 중의학과 불교의 조심이론이 가지는 차이점과 공통점을 설명한 것이다.

제3장

중의학과 불교의 조심 방법 비교연구

제3장
중의학과 불교의 조심 방법 비교연구

본 장은 3개 부분으로 나뉜다. 제1절에서는 중의학의 조심 방법을 논의하고, 제2절에서는 불교의 조심 방법을 탐구하고, 제3절에서는 양자를 비교연구하겠다.

제1절 중의학의 조심 방법

중의학의 심리치료 방법에는 여러 종류가 있다. 약물치료, 침구치료가 가장 상용된다. 그 외로 이혈(耳穴)치료, 기공치료, 식이요법 등이 있다.

본 절에서는 중의학의 조심(調心) 방법을 심리 질병의 병증에 따라 약물치료법, 침구치료법, 이혈치료법으로 나누어서 논의하겠다. 우선 중의학의 고대의 심리 질병 병증 명칭을 가지고 병의 징후[病徵]와 치료 방법을 서술하고, 만약 현대정신의학의 병명을 참조할 수 있는 것이 있다면 역시 각각의 질병을 나열하여 현대의 정신질병에 대한 치료법을 탐구하겠다.

1. 중의학의 심리 질병 치료방법

고대 중의학에서 흔하게 보이는 중의학의 심리 질병의 병증으로는 울증, 비접(卑慄), 불면, 장조(臟躁), 백합병(百合病), 매핵기(梅核氣), 전광(癲狂)이 있다. 각각에 대한 약물치료법과 침구치료법을 설명하겠다.[1]

1) 울증

울증(鬱症)을 병명으로 사용한 것은 명대(明代)의 『의학정전(醫學正傳)』에서 처음으로 볼 수 있다. 책 속에 독립적으로 편명을 '울증'으로 논술하고 있다. 그러나 '울(鬱)'의 개념은 일찍이 『내경(內經)』에서 최초로 나타나고 있다. 비록 '울증'이라는 병명은 없었지만 오기(五氣)에 '울'에 대한 서술이 있다. 그 후에 금원(金元) 시대의 『단계심법(丹溪心法)』에서부터 울증을 독립된 병증으로 명확하게 보고, 독립된 장으로 논술하고 있다.

울증의 병인은 대단히 명확하다. 주로 정서[情志]가 불안해서 각종 유형의 열성(劣性) 감정 활동은 모두 울증을 일으킬 수 있다. 정서불안은 병을 일으키는 주요 원인이다. 그러나 정서가 상처를 입어서 발병을 하는 것인지는 정서에 미치는 자극의 강약과 시간의 장단을 봐야 한다. 그 외에 장기가 허약한 것도 울증 발병의 요인이다. 그러나 병이 막 발생할 때는 기의 흐름이 원활하지 않고 정체된 상태[氣機鬱滯]를 위주로 혈액 순환이 원활하지 않은 혈어[血瘀] 상태, 체내의 열이 화로 변화된 상태[化火], 담이 축적되어 뭉쳐진 상태[痰結], 음식물이 위장에 정체된 상태[食滯], 습이 정체된 상태[濕停] 등의 현상을 일으킨다. 이어서 장부 기능에 영향을 주어 병리변화가 생길 수 있다. 다음은 약물치료법 방면에 여러 가지 병증에 관해서 치료법을 논하겠다.

근대 중의학계에서는 울증과 현대심리학의 우울증을 똑같은 것으로 보고 있다. 그러나 우울증의 울증이 단지 울(鬱)만 있는 것이 아니다. 조증(躁症)도 수반하고 있어 '조울증(躁鬱症)'을 형성한다. 특징은 대다수가 주기적 정서변화를 겪는다는 것이다. 심각하게 고조[躁狂]되거나 또는 저조[憂鬱]되거나 한다. 때로는 정서의 전환이 너무 빠르다. 그러나 대다수가 점차적으로 발생한다. 조와 울이 교체하면서 돌고 돌면서 발생한다. 우울주기 때는 환자가 뚜렷한 우울 증상을 나타낸다. 조광주기 때는 환자가 지나치게 활달하고 말이 많을 수 있고 또한 정력이 왕성할 수 있다.

조광증(躁狂症)은 통상적으로 사고와 판단에 영향을 준다. 그리고 심각한 문제와 난처한 사회행위를 일으킨다. 예를 들어 환자가 조광기 때는 기분이 아주 좋아서 사리분별이 안 되는 결정과 광기있는 계획을 세울 수 있다. 조광증은 즉시 치료하지 않으면 아마도 악화되어 정신병이 될 수도 있다. 중의학에서 울증에서도 조증의 상황이 있는 사람은, 예를 들어 기울화화(氣鬱化火)의 경우 급하고 쉽게 화를 내는 현상이 있고 혈행울체(血行鬱滯)의 경우 역시 조급하고 불안정한 상황이 있다고 한다.

(1) 울증의 약물치료법 : 중의학의 변증분형논치(辨證分型論治)

① 간기울결(肝氣鬱結) : 간기운이 뭉친 상태

　　증상으로는 정신이 우울함, 정서가 불안함, 옆구리가 더부룩하고 아픔[脅肋脹痛], 가슴이 답답함[胸悶], 복부가 답답하고 트림을 함[脘悶噯氣], 여기저기 아프고, 식욕 부진 및 대변이 불통하다. 설태가 얇고 기름짐[苔薄膩] 등이 있다. 치료법은 간의 소설 기능이 저하된 것을 개선하여 막힌 것을 뚫어내는 소간해울(疏肝解鬱), 기운을 조절하는 이기화중(理氣和中) 위주로 시호(柴胡)를 가감하여 사용한다. 증상에 따라 가감하는 부분에 있어서 간울(肝鬱) 사이에 비위(脾胃)에 울체가 있으면 해간전(解肝煎)으로 바꿔서 사용해도 된다. 그리고 간울비허(肝鬱脾虛)에는 소요산(逍遙散)을 가감해서 사용한다. 만약 간울이 심하거나 미약하거나 하고 비위가 실화(失和)하고 어혈이 있다면, 월국환(越菊丸) 또는 육울탕(六鬱湯)으로 치료하는 것을 고려해 봐도 좋다.

② 기울화화(氣鬱化火) : 기운이 뭉쳐 열로 변하는 상태

　　증상으로는 조급하고 쉽게 화를 냄[急躁易怒], 가슴이 답답하고 더부룩함[胸脅脹滿], 입이 쓰고 마름[口苦而乾], 두통 및 충혈된 눈[頭痛目赤], 이명과 어지럼[耳鳴頭暈] 또는 올라오는 위산을 다시 삼켜 버림[嘈雜吞酸], 변비[大便秘結], 혀의 색깔이 빨갛고 설태가 누래짐[舌紅苔黃] 등이 있다. 치료 방법으로는 간을 해독하고 기운을 원활하게 흐르게 하는 소간해울(疏肝解鬱), 간 열을 빼주는 청간사화(淸肝瀉火)이고 주요 처방은 단치소요산(丹梔逍遙散)이다. 만약 기타 증상을 수반한다면 수반

된 증상에 따라 가감하는 데 만약 간 열이 위를 침범하고[肝火犯胃], 위가 불편하고[胃脘嘈雜], 뜨겁고 위산 과다 증상이라면 좌금환(左金丸)을 고려하여 열을 내리고[降火], 구토를 멈추게 한다. 그러나 황이지아(黃怡嘉)는 "열의 세력이 강하고 입이 쓰고 변비가 있는 경우는 청열사화(淸熱瀉火)제를 가중하고 용담초(龍膽草), 대황(大黃)을 첨가해서 치료한다. 만약 열이 강해서 음을 손상시키는[熱勝傷陰] 현상이 있다면 맥동(麥冬), 현삼(玄參), 석곡(石斛), 천화분(天花粉) 등을 더해 치료한다."라고 했다.[2]

③ 혈행울체(血行鬱滯) : 혈액순환이 원활하지 않고 정체된 상태

증상으로는 마음이 초조하고 불안하고[煩躁不安], 기분이 나쁘고[情緖低落], 잠을 제대로 이루지 못하고 꿈을 자주 꾸고[不寐夢多], 건망증과 두통 또는 가슴과 옆구리에 통증과 편치 않은 느낌 등이 있다. 치료는 혈액순환을 원활하게 하고 어혈을 풀어주는 활혈화어[活血化瘀], 기운을 원활하게 하고 우울을 해소하는 이기해울(理氣解鬱)을 해준다. 혈부축어탕(血府逐瘀湯)을 위주로 치료한다. 만약 기가 소통되지 않는 기결(氣結)까지 있다면 황기(黃芪)를 추가하는 것이 기를 보충해서 맥이 통하게 하는 익기통맥(益氣通脈)에 도움을 준다. 만약 기울(氣鬱)이 심한 경우라면 향부(香附), 목향(木香)을 더해서 소통시킨다. 월경 불순이라면 소회향(小茴香), 관계(官桂), 마른 생강을 더해서 경맥을 따뜻하게 하여 통하게[溫經通脈] 한다. 그러나 지체(肢體) 또는 온몸이 아픈 사람은 진구(秦艽), 지용(地龍), 강활(羌活)을 더해서 맥을 통하게 하고 통증을 그치게 한다.

④ 심비양허(心脾兩虛) : 심장과 비장이 모두 약해진 상태

증상으로는 생각과 의심이 많음, 어지럽고 정신적으로 피로함, 심장이 두근거리고 겁이 많음, 수면 부족, 건망, 식욕 부진, 말하기 싫어하고 얼굴이 꺼칠함 등이 있다. 치료의 중점은 비장을 건강하게 하고 심장을 보양하고[健脾養心], 기혈을 보충하고 강화하는 데[補益氣血] 있다. 귀비탕(歸脾湯)을 위주로 치료한다. 만약 불면증이 심한 경우라면 오미자(五味子), 합환화(合歡花), 야교등(夜交藤), 백자인(柏子仁)으로 양심안신(養心安神)을 하도록 한다. 그러나 혈허가 심각한 경우라면 숙지(熟地), 백작(白灼)을 더하여 보혈건뇌(補血健腦)를 하도록 한다. 또한 가슴이 답답하고 멍하고[胸悶納呆], 설태가 두터운[舌苔厚膩] 경우라면 반하(半夏), 진피(陳皮), 복령(茯苓)을 더하여 비장을 건강하게 하고 기의 흐름을 조절하고 담을 없애도록[健脾理氣化痰] 한다.

⑤ 심음휴허(心陰虧虛) : 심장의 음기가 부족한 상태

증상으로는 정서가 불안하고[情緒不寧], 심장이 뛰고 건망증이 있고, 잠을 제대로 이루지 못하고 꿈을 많이 꾸며[不寐多夢], 손발바닥이 뜨겁고 가슴도 뜨거운 느낌[五心煩熱], 입안과 목이 마르고[口咽乾燥], 혀가 붉고 침이 적고[舌紅少津], 맥이 가늘다. 천왕보심단(天王補心丹)으로 음기를 보충하고 혈에 영양을 주고[滋陰養血], 심장을 보하고 정신을 안정시킬[補心安神] 수 있다. 만약 가슴이 심하게 두근거리면[心悸] 용안육(龍眼肉), 야교등(夜交藤)을 더해서 안신양심(安神養心)에 도움을 준다. 만약 두통이 있다면 천궁(川芎), 백작(白芍)을 더해서 혈을 활달하게

하고 풍을 몰아내고 통증을 멈추게 하는[活血驅風止痛] 효과를 볼 수 있다. 그러나 가슴이 두근거리고 답답하고 불편하다면[心悸胸悶] 울금(鬱金), 불수편(佛手片)을 더해 기운을 고르게 하고 답답함을 풀어준다[理氣開鬱].

⑥ 심신혹란(心神惑亂) : 마음과 정신이 혼란스럽고 어지러운 상태

증상으로는 정신이 흐리고[精神恍惚], 심신이 불안정하고(心神不寧), 슬프고 우울해서 잘 울고[悲憂善哭], 수시로 기뻤다 화났다 하고[喜怒無常], 때때로 하품과 기지개를 하고 또는 손발을 휘두르는 등 여러 증상이 있다. 『금궤요략(金匱要略)』「부인잡병(婦人雜病)」에서 "부인의 조증[婦人臟躁]은 기쁘거나 슬프거나 상처를 입거나 할 때 울고 싶어하고[喜悲傷欲哭], 마치 신령이 조작하는 것처럼 기지개를 자주 펴면 감맥대조탕(甘麥大棗湯)을 위주로 치료한다."고 했다. 감맥대조탕을 가미하면 달고 윤기가 흐르고, 급한 것을 완만하게 해주고, 마음과 정신에 안정을 줄 수 있다고 했다.

⑦ 담기울결(痰氣鬱結) : 담과 기가 뭉쳐서 정체된 상태

반하후박탕(半夏厚朴湯), 황련온담탕(黃連溫膽湯) 또는 소요산(逍遙散)과 척담탕(滌痰湯)을 합해서 치료한다. 기의 흐름을 원활하게 하고 정체된 기를 풀어주고[行氣開鬱], 담을 없애고 뭉친 것을 흩어주는[化痰散結] 작용이 있다.

2) 자신감이 없고 겁먹은 상태[卑慄]

비접(卑慄) 또는 비겁(卑怯)이라고도 한다. 비(卑)는 자격지심, 열등감, 죄책감이다. 접(慄)은 두려워하며 위엄에 위압당해 겁먹은 모습이다. 비접을 병명으로 삼은 것은 이 질병이 임상적으로 드러난 상태와 그 정신상태를 표현한 것이다. 비접이라는 단어를 병명으로 사용하기 시작한 것은 명나라 때『증치요결(證治要訣)』이다. 그러나 이런 종류의 질병은 일찍이『내경(內經)』에서 이미 묘사하고 있었다. 비접 병의 메커니즘과 병증에 관해서는『잡병원류서촉(雜病源流犀燭)』「정충원류(怔忡源流)」에 "비접(卑慄)은 심혈이 부족한 병이다. 정충병(怔忡病)과 같은 류이다. 그 증상은 가슴이 결리고 막혀 식음을 할 수 없고, 멍하니 취한 사람 같다. 마음속이 늘 공허하고 어두운 방에 있기를 좋아하고, 또는 문 뒤에 기대고 있기를 좋아하고, 사람을 보면 놀라서 피한다. 이 병은 여러 해 동안 병에 시달린다."라고 상세하게 묘사하고 있다. 다음은 비접의 약물치료법과 침구치료법을 서술하겠다.

(1) 비접의 약물요법 : 중의학의 변증분형논치

① 심혈부족(心血不足) : 심장의 혈액이 부족하여 심신이 불안정한 상태

증상에는 소심하고 겁이 많고, 사람을 보면 놀라서 피하고, 어두운 방에 있기를 좋아하고, 문 뒤에 기대고 서 있기를 좋아하고, 무능하다고 자책하고 자신을 책망하며 고개 숙이고 말이 적고, 잠을 자다가 놀라서 깨어나는 등 마치 의지를 상실한[失志] 상황과 비슷하다. 본 병은 조금이라도 지연되면 완쾌하기 어렵다. 치료는 천왕보심단(天王補心丹),

인삼양영탕(人蔘養營湯) 등을 사용한다. 또한 사물안신탕(四物安神湯)으로 심장을 보하고 혈액에 영양을 주고[補心養血], 정신을 안정시키고 의지를 굳건히 할[安神定志] 수도 있다. 만약 심경화열[心經火熱]이 심하지 않으면 황련(黃連)을 감하고 참작해서 원지(遠志), 석창포(石菖蒲), 용안육(龍眼肉) 등을 사용한다. 그러나 간기운이 뭉치고[肝氣鬱結] 정서가 원활하게 흐르지 못한[情志不暢] 경우라면 합환피(合歡皮), 장미꽃을 더하여 간을 해독하고 기운을 원활하게 흐르게[疏肝解鬱] 한다.

② 심담기허(心膽氣虛) : 심장과 담의 기운이 허약한 상태

증상으로는 의심과 걱정이 많고[神情疑慮], 불안하고 혼란스러워 안정되지 못하고[惶惑不安], 우유부단하고[優柔寡斷], 어두운 곳에 있기를 좋아하고[喜處暗室], 사람 만나는 것을 싫어하고[不願見人], 가슴이 답답하고[胸脅脹滿], 잠이 부족하고 꿈이 많고[少眠多夢], 꿈꾸다가 놀라서 깨어나는[夢中易驚醒] 등이 있다. 안신정지환(安神定志丸)을 위주로 처방하고, 심장을 보하고 의지를 안정시키고[補心定志], 두려움을 진정시키고 정신을 안정시키도록[鎭怯安神] 한다. 병이 가중되는 정황에 따라 원래 환약을 탕약으로 바꾼다. 만약 심장과 담의 기운이 허약한 상태[心膽氣虛]가 심각하다면 오미자(五味子)를 더하여 심장을 보하고 담을 이롭게[補心盆膽] 하도록 한다. 그러나 심장과 간에 음과 혈이 부족한 것[心肝陰血不足]을 겸할 때는 산조인(酸棗仁), 백자인(柏子仁), 숙지(熟地), 당귀(當歸)를 더하여 음을 보충하고 혈에 영양을 주도록[滋陰養血] 한다.

③ 담탁내조(痰濁內阻) : 담이 탁해서 내부를 막고 있는 상태

환자의 증상으로는 열등감, 죄의식, 스스로를 비하하고 부끄러워하고 죄책감을 느끼고[自卑愧疚], 소심하고 겁이 많고 위축되는[羞怯畏縮] 경향이 있다. 눈빛이 멍하고, 행동거지가 비정상적이고, 혼잣말을 하고, 심신이 희미하고 오랜 시간 동안 완치되지 않는다. 주요 처방은 십미온담탕(十味溫膽湯)으로 담을 없애고 막힌 통로를 열어주고[化痰開竅], 마음과 정신을 안정[寧心安神]시키도록 한다. 그러나 온담탕(溫膽湯)의 약성이 온조(溫躁)에 치우쳐서 만약에 담이 탁해서 열로 변한[痰濁化熱] 경우라면 담남성(膽南星), 죽여(竹茹), 패모(貝母)를 더하여 열과 담을 제거[淸化熱痰]한다. 심장과 담의 기운이 허약한 것[心膽氣虛]을 겸한 경우라면 당삼(黨參), 진주모(珍珠母), 용치(龍齒), 모려(牡蠣)를 더하여 경기를 안정시킨다. 만약 담이 탁하고 정체되어[痰濁阻閉] 심규(心竅)를 심하게 막은 경우는 참작하여 석창포(石菖蒲), 울금(鬱金)을 더하여 담을 없애고 막힌 것을 뚫게[化痰開竅] 해준다.

④ 어혈내조(瘀血內阻) : 어혈이 내부를 막는 상태

환자는 의심과 걱정이 많고[神情疑慮], 정신이 불안하고 혼란스럽고[精神惶惑], 사람을 보면 놀라서 피하고, 잠을 잘 못 자고 건망증이 있고, 오랜 시간 동안 치유가 되지 않는다. 통규활혈탕(通竅活血湯)을 주 처방으로 한다.

(2) 비접의 침구치료법

둥싱위(董湘玉)가 2007년에 편집한 『중의심리학(中醫心理學)』에서 비접의 침구치료에 관한 방안을 내놓았다. 주혈은 방광경(膀胱經)이고, 등부위[背部] 두 번째 선은 오장육부의 신기를 조리하는 데 좋은 효과가 있다. 주신명(主神明)의 혈자리는 상당히 집중되어 있다. 예를 들어 백호(魄戶), 신당(神堂), 혼문(魂門), 의사(意舍), 지실(志室) 등이다. 피부침으로 이 선(線)의 전체 과정을 가볍게 두드린다. 좌우교체하여 피부가 홍조를 띠고 미미하게 출혈이 나올 정도로 한다.

① 변증가감(辨證加減) : 상태를 파악하여 치료법을 조절

심혈이 부족한 자는 족삼리(足三里), 대릉(大陵)을 더한다. 심장과 담의 기운이 허약한[心膽氣虛] 경우는 대릉(大陵), 구허(丘墟)를 더한다. 심장과 신장의 양기가 부족한[心腎陽虛] 경우는 소상(少商), 음릉천(陰陵泉)을 더한다. 담이 탁해서 내부를 막고 있는[痰濁內阻] 경우는 음릉천(陰陵泉), 풍륭(豐隆)을 더한다. 어혈이 내부를 막는[瘀血內阻] 경우는 상성(上星), 신정(神庭)을 더한다.

② 침구방법

환자를 천장을 보고 편안히 눕도록 한다. 혈자리는 소독을 하고 시침을 한다. 평보평사[平補平瀉]의 방법으로 30분 동안 침을 놓는다. 15일을 하나의 치료 과정으로 삼는다.[3]

3) 불면증[不寐]

불면증은 현대의학의 이름으로는 수면실조(睡眠失調)라고 할 수 있다. 즉 자주 정상적인 수면을 하지 못하는 것이고, 잠들지 못하는 것이고, 또는 자다 깨다 하고, 깨면 다시 잠들지 못하거나 아니면 꿈을 꾸는 등을 말한다. 고대 의서에는 '목불명(目不瞑)', '부득면(不得眠)', '부득와(不得臥)' '소매(少寐)', '불면(不眠)', '실면(失眠)' 등의 명칭이 있다. 그러나 불면증은 질병이라고 할 수는 없다. 장기간 누적되면 질병이 되어 몸과 마음에 균형을 잃을 수는 있다.

불면증을 일으키는 요인은 많다. 그러나 정서적 요인이 주요 원인 가운데 하나이다. 정서적 불균형[情志不調] 또는 지나치게 과로해서 장기의 기능이 혼란해지고, 기혈이 허약해지고 음양이 균형을 잃어 심신이 불안하고 잠을 이루지 못하게 된다. 다음은 중의학의 병증 분류방식으로 중의학에서는 불면증을 실증과 허증으로 나누며, 각각에 대한 약물치료법과 침구치료법을 설명하겠다.

(1) 불면증의 약물요법 : 중의학의 변증분형논치

① 실증(實症)의 약물치료

㉠ 간울화화(肝鬱化火) : 간의 기운이 막혀 열로 변한 상태

증상으로는 불면증, 성급하고 화를 잘 내고, 심한 경우는 밤새 잠을 못 이루고, 음식을 꺼리고, 눈이 붉고 입이 쓰고, 소변은 황적색이고 대변은 변비가 있고, 혀는 붉고 태가 노랗고, 맥박이 팽팽하고 빠르다[脈弦而數]. 용담사간탕(龍膽瀉肝湯)을 주요 처방으로 사용하

여 간의 기운을 풀어주고 열을 내리고[疏肝瀉火], 뇌를 맑게 하고 정
신을 안정시키도록[淸腦安神] 한다. 만약 수면 부족이라면 복신(茯
神), 용골(龍骨), 모려(牡蠣)를 더하여 경기를 안정시키고 편안히 잠
을 잘 수 있도록 충격을 가라앉히고 마음을 안정시켜[鎭驚定志], 숙
면을 취하도록[安神入寐] 한다.

ⓛ 담열내요(痰熱內擾) : 담과 열이 내부를 어지럽히는 상태
증상으로는 잠을 이루지 못하고 머리가 무겁고[不寐頭重], 담이 많
고 가슴이 답답하고[痰多胸悶], 식욕이 없고 트림을 자주 하고[惡食
噯氣], 짜증이 나고 입이 쓰고[心煩口苦], 어지럽고 구역질 나고[目眩
噁心], 설태가 끈적거리고 노랗고[苔膩而黃], 맥박이 빠르다[脈滑數].
청화척담탕(淸火滌痰湯)을 위주로 화담청열(化痰淸熱), 성뇌안신(醒
腦安神)하도록 한다.

ⓒ 위기불화(胃氣不和) : 위장의 기운이 조화롭지 못한 상태
증상으로는 잠을 이루지 못하고, 가슴이 답답하고 숨이 차고[胸悶氣
短], 메스껍고 구토가 나고[噁心嘔吐], 대변 불쾌감, 복통, 설태가 노
랗고 끈적거리고, 맥박이 팽팽하고 빠르거나[脈象弦滑] 힘있고 빠르
게 뛴다[脈象滑數]. 보화환(保和丸) 또는 보화탕(保和湯)을 가감한다.
위장을 건강하게 하고 비장을 강화시키고[和胃健脾], 정체된 것을
풀어주고 정신을 안정시키는[化滯安神] 작용이 있다.

② 어혈내조(瘀血內阻) : 어혈이 내부를 막는 상태

증상으로는 마음이 답답하고 조급하여 불안하고[煩躁不安], 찌르듯이 머리가 아프고[頭痛如刺], 심장이 뛰고 마음이 초조하고[心跳心慌], 잠을 못 자고 꿈이 많다. 또는 수면 중에 놀라서 깨어나는 일이 자주 있고 심지어 여러 날 잠을 이룰 수 없다. 이때 혀는 암자색을 띠고 맥박은 팽팽하고 가늘고 매끄럽다[弦細而滑]. 혈부축어탕(血府逐瘀湯)을 가감해서 사용하여 기를 조절하고 담을 제거하고[理氣化痰], 막힌 곳을 뚫어 정신을 안정시키는[通竅安神] 작용을 할 수 있다.

② 허증(虛症)의 약물치료

㉠ 심비양허(心脾兩虛) : 심장과 비장이 모두 약해진 상태

증상으로는 쉽게 잠들지 못하고 꿈이 많고 자주 깬다. 깨어난 후에 다시 잠들기 힘들고 동시에 머리가 어지럽고 몸이 매우 피곤하다. 대변은 제 모양이 안 나오고 설질은 옅고[舌質淡], 설태는 두텁고 희고[苔厚白], 맥이 가늘면서 약한[脈細弱] 증상이 있다. 귀비탕(歸脾湯)을 위주로 한다. 심장과 비장의 기능을 강화하고 보충하고[補益心脾], 혈에 영양을 공급하고 정신을 안정시킬[養血安神] 수 있다.

㉡ 음허화왕(陰虛火旺) : 음이 부족하고 화가 왕성한 상태

증상으로는 쉽게 잠들지 못하고, 짜증 및 두근거림, 식은 땀, 어지러움과 건망증, 허리 통증, 이명, 피하출혈 및 설질이 붉고 태가 적고[舌質紅少苔], 맥이 가늘면서 빠른[脈細數] 등의 증상이 있다. 음을 보충하고 열을 내리는[滋陰淸熱] 황련아교탕(黃連阿膠湯)을 가감한다.

ⓒ 심담기허(心膽氣虛) : 심장과 담의 기운이 부족한 상태

증상으로는 쉽게 잠들지 못하고, 잘 자다가도 놀라서 자주 깨고, 겁이 많고, 가슴이 두근거리고, 소변은 맑고 자주 나오는데, 점점 갈수록 양이 많아지고 횟수도 많아진다[小便淸長]. 혀의 색깔은 옅고 [舌淡], 맥은 팽팽하고 가늘다[脈弦細]. 안신정지환(安神定志丸)을 위주로 한다.

ⓔ 심신불교(心腎不交) : 심장과 신장의 균형이 깨진 상태

증상으로는 쉽게 잠들지 못하고, 마음이 번잡하고, 어지럽고 이명이 있고, 목이 마르고 열증이 있다. 이를 없애는 데는 교태환(交泰丸)을 주요 처방전으로 한다.

ⓜ 간울혈허(肝鬱血虛) : 간 기운이 뭉치고 혈이 부족한 상태

증상으로는 잠들기 힘들고, 설사 잠이 들었어도 꿈이 많아 쉽게 놀라서 깬다. 정서적으로도 쉽게 화를 내고 조급하며, 혀가 붉고 태가 노랗고[舌紅苔黃], 맥은 팽팽하고 빠르다[脈弦數]. 산조인탕(酸棗仁湯)을 위주로 처방을 내리고 간 기운을 소통하고 심장을 보호하고 [疏肝養心], 정신을 안정시키고 놀람을 진정시키는[安神鎭驚] 효과가 있다.

(2) 불면증의 침구치료법

영심안신방(寧心安神方)은 신문(神門), 심유(心俞), 삼음교(三陰交) 세 개의 혈로 비장과 위장의 기운을 조화롭게 할 수 있고[脾胃調和], 심장

과 신장이 서로 소통하여[心腎相交] 수면을 취할 수 있도록 한다. 증상에 따라서 혈을 더하는데, 비장이 약한[脾虛] 경우는 비유(脾俞), 장문(章門)을 더하고, 신장이 약한[腎虛] 경우는 신유(腎俞), 태계(太溪)를 더하고, 정서가 우울한 경우는 태충(太沖)과 영도(靈道)를 더하고, 비장과 위장의 기능이 조화롭지 못한[脾胃不合] 경우는 족삼리(足三里), 공손(公孫)을 더하고, 건망증이 있는 경우는 백회(百會), 지실(志室), 비유(脾俞)를 더한다.

신정(神庭), 백회(百會), 신문(神門)을 주혈로 치료한다. 불면증을 치료하는 데는 평보평사(平補平瀉)의 방법을 사용한다. 30분 동안 침을 놓는다. 15일을 한 번의 치료 과정으로 한다.

이것은 수면[安眠], 어지럼[眩暈], 두통(頭痛), 고혈압(高血壓), 정신병(精神病), 두근거림[心悸], 이명(耳鳴)을 치료하기 위한 새로운 혈자리이다. 예풍혈(翳風穴)과 예명혈(翳明穴)을 연결하는 중간점이다. 시침은 직자법(直刺法)으로 하고 침은 오푼(五分)에서 일촌(一寸) 깊이 정도로 한다. 중충(中沖), 노궁(勞宮), 삼음교(三陰交), 양릉천(陽陵泉)과 함께 결합해도 된다.

예명(翳明)과 풍지(風池)의 중간점에 있는 혈자리 역시 불면, 불안초조, 두근거림, 정신분열, 두통, 눈병, 고혈압 등 증상을 치료할 수 있다. 직자법(直刺法)을 사용하고, 침의 깊이는 삼에서 오푼 정도로 하고, 풍지, 내관(內關), 신문(神門), 풍시(風市), 예풍혈과 예명혈을 결합해도 된다. 연결선의 중간점이다. 마음을 편안하게 하고 정신을 안정시킬[寧心安神] 수 있다. 그 외에 린자오겅(林昭庚) 역시 "만약 음이 부족하고 화가 왕성하고[陰虛火旺], 간의 양기가 과도하게 상승함[肝陽上亢]으로 인한 불면증이면 침을 놓되 뜸은 사용하지 않는다."[4]라고 말한다.

4) 내장의 기능 이상으로 인한 불안정한 상태[臟躁]

대부분의 장조(臟躁)는 정서로 인해 내부가 손상[情志內傷]되거나 또는 생식과 관련된 정기(天癸)가 끊어질 때 발생한다. 음과 혈이 부족하고 허약하고[陰血虧虛], 음양의 균형이 깨지고[陰陽失調], 기의 운행이 혼란스럽고[氣機紊亂], 우울함으로 정신을 손상시키고[憂鬱傷神], 심신이 어지러운 것이 병의 주요 기전(病機)이다. 정신이 우울하고[精神憂鬱], 불안초조하고[煩躁不寧], 슬픔과 근심이 많아 잘 울고[悲憂善哭], 기쁨과 분노의 변화가 심하고[喜怒無常], 정신이 흐릿하고 멍한 것[神情恍惚]이 주요 임상 표현이다. 그러나 이 병은 대부분 청중년 여성에게서 많이 발생하고 통상적으로 비교적 급격하게 병이 발생하고 진행되는 과정[病程]은 짧다. 그러나 쉽게 반복 발작한다. 『소문(素問)』「지진요대론(至眞要大論)」에서 "소양이 회복되면[少陽之復] 대열(大熱)이 곧 온다. … 가슴이 답답하고 열감이 있고 건조하다[心煩熱燥] …." 허위민(何裕民)이 편집한 『중의심리학임상연구(中醫心理學臨床研究)』에서 "본 병증은 현대에서 말하는 히스테리[癔病]와 우울증(抑鬱症) 등과 많은 연관이 있다."[5] 본 연구자는 장조와 현대의 심리 질병 가운데 '불안장애[焦慮症]'와도 상관이 있다고 본다.

(1) 장조의 약물치료 : 중의학의 변증분형논치

① 심혈휴허(心血虧虛) : 심장의 혈액이 부족한 상태

　　『금궤요략(金匱要略)』에서는 "기가 부족하고 장기가 불안정하면[氣虛臟躁] 몸 안에 열[内火]이 일어나서 정신이 불안정하고 슬프고 울고자 한다. 마치 신령이 있는 것과 같다. 그러나 실은 허증[虛病]이다. … 소맥은 감곡(甘穀)이므로 심장의 기운[心氣]을 잘 길러주고 감초, 대추가 달고 윤기가 있어 음을 생한다[甘潤生陰]. 그러므로 내장에 영양을 공급하여 참을 수 없이 조급해지는 것을 멈추게 할 수 있다."고 말한다.

　　병의 증상은 정신이 희미하거나 또는 정서가 격해지고, 슬퍼서 우는 동시에 마음이 매우 번란(煩亂)하고, 잠이 적고 꿈이 많고, 하품을 자주 하고 대변이 불통하고, 설질이 붉거나 연홍색이거나, 맥이 가늘고 빠르거나[脈細數] 팽팽하다[脈細弦]. 주 처방은 소맥, 감초, 대추 삼미약으로 만든 감백대조탕에 산조인(酸棗仁), 용안육(龍眼肉), 합환화(合歡花)를 가해서 달고 촉촉하여 긴장을 완화하고(甘潤緩急), 심장에 영양을 더하여 정신을 안정시키도록[養心安神] 한다.

② 심비양허(心脾兩虛) : 심장과 비장이 모두 약해진 상태

　　증상은 걱정과 생각이 많고, 가슴이 답답하고 호흡이 짧고, 불면증 건망증이 있고, 얼굴색이 창백하고 누렇고[色萎黃], 정신이 피곤하고 무력하고, 땀이 잘 나고, 식욕이 부진하고, 변이 질고 또는 월경량이 적고, 소변이 찔끔찔끔 끊이지 않고[淋漓不斷], 혀의 색깔이 옅고 태가 얇고[舌淡苔薄], 맥이 팽팽하고 가늘거나[脈弦細] 부드럽다[脈細濡]. 귀비

탕(歸脾湯)을 가감한다. 심장과 비장의 기능을 강화하고 보충하고[補益心脾], 마음을 편안하게 하고 정신을 안정시키도록[寧心安神] 한다. 만약 정서가 편하지 않은 상황이 있다면 울금, 불수를 더해서 기운을 고르게 하고 뭉친 것을 풀어준다[理氣開鬱]. 두통이 있다면 천궁(川芎), 백작(白芍)을 더해서 혈액순환을 촉진시켜 어혈을 제거하고 통증을 완화한다[止痛].

③ 심신불교(心腎不交) : 심장과 신장의 균형이 깨진 상태

울다 웃다 하고, 하품이 끊어지지 않고, 허리와 무릎에 힘이 없고, 가슴이 두근거려 잠을 이루지 못하는 등의 증상이 있다. 황련아교계자황탕(黃連阿膠雞子黃湯)과 호박양심단(琥珀養心丹)을 주요 처방으로 하여, 음기를 보충하고 화기를 내리고[滋陰降火], 심장과 신장의 기능을 조화롭게 한다[交通心腎]. 만약 얼굴에 열이 나고 약간 붉어지고[面熱微紅], 어지러움, 이명 등의 증상이 있다면 모려(牡蠣), 구갑(龜甲), 자석(磁石) 등을 가해서 양기를 가라앉히고[重鎮潛陽] 음기보다 양기가 상승하도록 하면[陽升於陰] 즉시 잠에 들 수 있다. 만약 불면이 심각하다면 백자인(柏子仁), 조인(棗仁)을 가해서 마음과 정신을 안정시키도록 한다.

④ 간신부족(肝腎不足) : 간과 신장의 기능이 약해진 상태

백합지황탕(百合地黃湯)을 주요 처방으로 한다. 신장을 보충하고 간의 열을 내리고[滋腎淸肝], 마음을 안정시키는[淸肝寧心] 효과가 있다. 증상으로는 울다가 웃다가, 하품을 자주하고, 밤에 자다가 놀라서 깨고

심지어 의식이 모호하고 정신이 흐릿하다. 어지럼증과 이명, 쉽게 짜증이나 화를 내고, 입이 말라 물을 많이 마시고, 손발이 뜨겁고, 허리와 무릎이 시큰거리며, 소변이 누렇고 대변은 물기가 없고 딱딱하다. 혀가 붉고 설태가 얇고 하얗거나 혹은 노랗다. 맥은 팽팽하고 빠르다[脈弦數].

⑤ 간울화화(肝鬱化火) : 간의 기운이 막혀 화로 변한 상태

간을 해독하고 막힌 기운을 풀어준다[疏肝解鬱]. 간의 열을 내리고 마음을 안정시키는 데[淸肝寧心]는 용담사간탕(龍膽瀉肝湯)을 가미(加味)하는 것을 주로 한다. 개선할 수 있는 증상으로는 심리적으로 억울하고 성격이 급하며 쉽게 화를 내고, 눈이 붉고 이명, 입이 마르거나 쓰고, 월경 불순, 소변이 누렇고 대변은 물기없이 딱딱하고, 설태가 얇고 노랗고, 맥은 팽팽하고 빠른[脈弦數] 증상이 있다.

⑥ 담기내요(痰氣內擾) : 담과 기가 쌓여 내부를 어지럽히는 상태

도담탕(導痰湯)에 소맥(小麥), 동과인(冬瓜仁)을 더해서 열을 식히고 담을 없애며[淸熱化痰], 마음을 편안하게 하고 정신이 안정되도록[寧心安神] 해준다.

⑦ 어혈조체(瘀血阻滯) : 어혈이 정체되어 혈액순환을 방해하는 상태

혈부축어탕(血府逐瘀湯)을 주요 처방으로 한다. 혈액 순환을 촉진하고 어혈을 제거하며[活血祛瘀], 마음을 편안하게 하고 정신이 안정되도록[寧心安神] 해준다.

(2) 장조에 대한 침구치료법

내장의 기능 이상으로 인한 정서적 불안정과 초조함, 즉 장조(臟躁)에 대한 침구치료법은 백회(百會), 인당(印堂), 태양(太陽), 사신총(四神聰), 풍지(風池)를 주혈로 하고 평보평사(平補平瀉)의 방법으로 침을 놓는다. 환자는 조용히 천장을 보고 눕도록 하고 30분 동안 유침을 한다. 15일을 치료의 한 주기로 삼는다. 변증(辨證) 가감 부분에서는 심장의 혈액이 부족한 유형[心血虧虛型]은 심유(心俞), 삼음교(三陰交), 신문(神門)을 더한다. 심장과 비장이 모두 약한 유형[心脾兩虛型]에는 신문(神門), 심유(心俞), 비유(脾俞), 관원(關元), 삼음교(三陰交), 음릉천(陰陵泉)을 더한다. 간과 신장의 기능이 약해진 유형[肝腎不足型]에는 음릉천(陰陵泉), 태충(太沖), 간유(肝俞)를 더한다. 심장과 신장의 균형이 깨진 유형[心腎不交型]은 신문(神門), 태계(太溪), 삼음교(三陰交)를 더한다. 간의 기운이 막혀 화로 변한 유형[肝鬱化火型]에는 행간(行間), 족규음(足竅陰), 풍지(風池)를 더한다. 담과 열이 내부를 어지럽히는 유형[痰熱內擾型]에는 내정(內庭), 공손(公孫), 풍륭(豐隆)을 더한다. 어혈이 정체되어 혈액순환을 방해하는 유형[瘀血阻滯型]에는 혈해(血海), 격유(膈俞)를 더한다.

5) 백합병

백합병(百合病)은 『금궤요략(金匱要略)』 「백합호혹음양독병맥증병치(百合狐惑陰陽毒病脈證并治)」에서 처음으로 수록되었다.

"백합병 환자는 백 가지 맥의 근본이 하나이다. 먹고자 하나 먹지 못하고,

항상 묵묵하고, 눕고 싶지만 눕지 못하고, 걷고 싶지만 걷지 못하고, 음식이 좋을 때도 있지만 또는 냄새도 맡기 싫을 때가 있다. 추운 것 같지만 춥지 않고, 열이 있는 것 같지만 열이 없고, 입이 쓰고, 소변은 붉고, 모든 약이 치료가 안 된다. 약을 먹으면 토하거나 설사하여 마치 신령이 있는 것 같다. 신체 형태는 조화로워 보이나 그 맥은 약하고 빠르다."6

『금궤요략』에서 말하는 백합병의 특징은 다음과 같다.

"백합병 환자는 정신이 흐릿하고 행동과 식사를 제대로 못하고, 입이 쓰고, 기혈은 균형을 잃고 경맥이 영양을 받지 못하고[經脈失養], 소변은 노랗고 맥은 약하고 빠르다. 병의 기전[病機]은 심장과 폐에 음기 부족하여 내부에 열이 생긴다[心肺陰虛內熱]. 열병을 앓고 난 후에 자주 발병한다. 서양의학에서 말하는 억압으로 발생하는 신체적, 정신적 증상[癔病], 신경증[精神官能症], 신경쇠약 등의 질병 또는 모종의 열병 이후에 허약증세에서 이런 종류의 증상을 임상에서 자주 볼 수 있다."7

(1) 백합병의 약물치료 : 중의학의 변증분형논치

① 음허내열(陰虛內熱) : 음기가 부족하여 내부에 열이 생긴 상태

증상으로는 정신, 음식, 행위 방면에서 정상인들과 다르다. 금방 먹기 싫었다가, 또 금방 아주 맛있게 먹는다. 또는 밥을 먹는데, 반쯤 먹다가 수저를 놓는다. 늘 침묵하고 말을 잘 안 하고 묻지도 않고 대답도 잘 안 한다. 눕고 싶은데 눕지 못하고 행동하고 싶은데 또 못한다. 또는 스스로 추웠다 더웠다를 느끼지만, 사실상 온도의 변화는 없다. 입은 쓰고 목은 마르고, 혓바닥은 붉고 설태는 없거나 적다. 소변은 붉고, 맥은 미세하고 빠르다. 이때는 백합지황탕(白合地黃湯)을 위주로 처방해서 가감하면 심장을 맑게 하고 폐를 윤기있게[淸心潤肺] 할 수 있다.

② 담열내요(痰熱內擾) : 담과 열이 내부를 어지럽히는 상태

환자는 정신적, 음식 그리고 행위 방면에서 정상인과 다르다. 늘 팽창감과 두통이 있고, 침대에 누워도 불안하고, 얼굴이 붉고 혀끝도 붉고, 설태가 얇고 노랗고 약간 끈적거린다. 맥박은 부드럽고 빠르다[脈滑數]. 위경탕(葦莖湯)을 위주로 처방하여 심장과 폐의 열을 가라앉히고[淸心肺熱], 이뇨하게 하고, 담을 제거하고[化痰], 탁한 것을 없앤다[瀉濁].

③ 심폐기허(心肺氣虛) : 심장과 폐의 기운이 부족한 상태

병환은 생활에서 자주적이지 못하며 땀을 잘 흘리고, 머리를 어지럽게 한다. 호흡이 짧고 무력하며, 잠이 적거나 또는 많거나 하는 증상이 있다. 혀의 색깔이 창백하고[舌淡] 이빨 자국이 있고[有齒痕], 맥이 약하다. 감맥대조탕(甘麥大棗湯)을 복용하고 가감해서 치료하면, 심장과 폐의 기능을 보충·강화하고[補益心肺], 정신을 안정시키고 의지를 굳건히 할[安神定志] 수 있다.

(2) 백합병의 침구치료법

침구치료에 관해서는 둥싱위(董湘玉)가 편찬한 『중의심리학(中醫心理學)』에 의하면 내관(內關), 신문(神門), 용천(湧泉) 세 개의 혈을 주혈

로 삼아서 변증가감(辨證加減)하여 음기가 부족하고 내부에 열이 있는 [陰虛內熱] 경우에는 곡지(曲池), 열결(列缺), 태계(太溪), 신유(腎俞), 삼음교(三陰交)를 더한다. 담열이 내부를 어지럽히는[痰熱內擾] 경우는 내정(內庭), 공손(公孫), 풍륭(豊隆), 합곡(合谷)을 더한다. 그러나 심장과 폐의 기운이 부족한[心肺氣虛] 경우는 폐유(肺俞), 심유(心俞), 통리(通裏)를 더한다.[8] 그리고 왕옌헝(王彦恒)의 『실용중의정신병학(實用中醫精神病學)』에서는 신문(神門), 삼음교(三陰交)를 주혈로 삼는다. 심장에 영양을 더하여 정신을 안정시키도록[養心安神] 변증가감(辨證加減)한다. 음기가 부족하여 내부에 열이 있는[陰虛內熱] 경우는 심유(心俞), 신유(腎俞), 태계(太溪), 조해(照海)를 더하고, 담과 열이 내부를 어지럽히는 [痰熱內擾] 경우는 폐유(肺俞), 비유(脾俞), 풍륭(豊隆), 중완(中脘)을 더하고, 심장과 폐의 기운이 부족한[心肺氣虛] 경우는 폐유(肺俞), 심유(心俞), 궐음유(厥陰俞), 태연(太淵)을 더한다.[9]

6) 매핵기(梅核氣) : 목구멍에 무언가 걸린 듯한 불편감

『고금의감(古今醫鑒)』 「매핵기(梅核氣)」에는 다음과 같이 서술되어 있다.

> "매핵기란 매실 씨앗과 같은 형상이 인후(咽喉) 사이에 막혀 있다. 뱉어내도 나오지 않고 삼키려 해도 내려가지 않는다. 처음에는 희노(喜怒)가 지나쳐 열이 쌓이고[積熱] 담이 뭉쳐져서 이러한 질병이 생긴 것이다."

앞에서 서술한 것에서 알 수 있듯이 매핵기와 정서적 내부 상처는 직접적인 관계가 있다. 그 외에 간의 기운이 막히고 비장의 기능이 정체되거나[肝鬱脾滯] 또는 신장의 기운이 부족함[腎氣不足]으로 인해서 병에 이르게 된 것도 있다. 임상에서는 목구멍이 붉지도 붓지도 않고, 단지 느낌상으로 이물질이 막혀있는 느낌이다. 또한 이물질이 마치 매핵(梅核), 즉 매실의 씨앗과 같아 뱉어도 나오지 않고 삼켜도 내려가지 않는다. 다만 식사하는 데는 영향이 없다. 이러한 증상은 부녀자들에게 많이 보인다. 매핵기는 양방의 신경증, 인후 부분의 증상과 매우 부합된다. 둥근 모양의 발진이 생기는 증상[癭球症]과 병인이 기본적으로 비슷하다.[10]

내관혈(內關穴)은 백합병, 매핵기 등 여러 종류의 정서적 질병을 치료할 수 있기에 여기서 좀 더 깊이 설명하겠다. 리완야오(李萬瑤) 등은 내관혈의 효능을 "마음을 편안하게 하고 정신을 안정시키고[寧心安神], 저림을 풀어주고 막힘을 해소하고[宣痺解鬱], 가슴을 펴고 기를 조절하고[寬胸理氣], 위장을 조화롭게 하고 역류를 가라앉히고[和胃降逆], 급한 것을 느슨하게 하고 통증을 멈추게 하고[緩急止痛], 기가 너무 오르는 것을 내리고 구토를 멈추게 한다[降逆止嘔]. 음양의 균형을 조절하고 혈과 기를 보충하며[調補陰陽血氣], 경맥을 소통시키는 등의 역할을 하는 내관혈은 심장 건강의 중요한 혈자리이다. … 또한 전신을 건강하게 만드는 주요 혈자리이기도 하다."[11]라고 한다.

이 문장에서는 내관혈이 정서와 상관된 질병을 치료할 수 있다고 표시한다. 가슴 통증[心痛], 가슴 두근거림[心悸], 불면증[失眠], 조현병[癲

狂], 우울증[鬱症] 등이다. 또한 신경과 정신계통의 질병도 치료할 수 있다고 한다. 예를 들어 신경쇠약, 불면증, 히스테리[癔症], 조현병[癲狂], 피로증후군[困症]과 정서불안[情志失和] 등이 있다. 그러므로 본 혈자리는 정서와 관련된 질병을 치료하는 데 매우 중요하다고 할 수 있다. 다양하게 응용하여 사용할 수 있다.

(1) 매핵기의 약물치료 : 중의학의 변증분형논치

① 간울기체(肝鬱氣滯) : 간의 기운이 막혀 원활히 순환되지 못하는 상태

『금궤요략(金匱要略)』에서 "부인들의 목구멍[咽] 중에는 마치 구운 고깃덩어리[炙臠]가 있는 것 같다. 반하후박탕(半夏厚朴湯)을 주처방으로 한다."고 언급하고 있다. 환자는 목구멍에 이물질이 있는 것처럼 느끼는데, 마치 매실 씨앗이 가로막고 있는 느낌이다. 또한 정신이 우울하고 걱정이 많고 의혹도 많고 혓바닥은 담홍색이고, 백태가 있고, 맥은 팽팽한 증상이 있다. 간 기운을 풀어주고 기의 흐름을 조절하여[疏肝理氣] 울증을 해소하는 방식은 반하후박탕을 주 처방으로 한다.

② 비허담취(脾虛痰聚) : 비장이 허약하여 담이 쌓인 상태

환자의 증상은 목구멍에 이물감이 있고 또한 자주 가래가 많아 뱉고자 하나 뱉어내기가 어렵고 혀끝이 부어오르고[舌頭胖] 혀 표면에 흰색의 끈적거리는 태가 있고[苔白膩] 맥이 미끄럽다[脈滑]. 이진탕(二陳湯)을 사용하고 가감하도록 한다.

(2) 매핵기의 침구치료법

주혈은 태충(太沖), 풍륭(豊隆), 내관(內關), 용천(湧泉)이고, 변증가감(辨證加減) 부분에는 간 기운이 막혀 순환이 원활하지 못한[肝鬱氣滯] 경우에는 간유(肝兪), 담유(膽兪), 합곡(合谷), 행간(行間)을 더한다. 비장이 허약하고 담이 쌓인[脾虛痰聚] 경우는 내정(內庭), 공손(公孫), 폐유(肺兪), 삼음교(三陰交)를 더한다.

7) 전광

전(癲)과 광(狂) 모두 신경 이상 질병에 속한다. '전'은 침묵하고 멍하며 정신적으로 이상이 있고 말이 조리가 없다. 정신이 억눌리고 답답한[精神抑鬱] 것이 특징이다. 그리고 '광'은 소란스럽고 안정이 안 되고, 날뛰고 안절부절 못하고 불안하며[狂躁不安], 많이 움직이고 화를 잘 내는 것이 특징이다. 양자의 증상을 뚜렷하게 구분할 수 없고, 또 서로 전화(轉化)하기도 해서 중의학계에서는 전과 광을 함께 놓고 그 명칭을 사용한다. 『중의심리학임상연구』에서 "전광 질병은 부분적으로 현대 정신의학 가운데 정신분열증, 흥분과 우울이 번갈아 나타나는 조광우울증[躁狂抑鬱症], 우울증과 정신병 반응 등에 속한다."[12]고 한다.

『내경(內經)』은 전광을 병명으로 채택한 고대문헌이다. 이로부터 알 수 있듯이 고대 의학자들은 일찍이 춘추전국시대에 이미 전광에 대해 인식하고 있었다. 『증치요결(證治要訣)』에서는 "전광은 칠정으로 인해 울증이 생기고 점차 담연(痰涎)이 생기고 심장의 통로[心竅]를 막히게 한다."라고 말한다. 전광의 발병 원인을 살펴보면 대부분 칠정을 다친 것이 주된 원인이다. 어쩌면 생각에 문제가 있어, 희비가 겹쳐서, 번뇌, 성냄, 놀람, 공포[惱怒驚恐] 등으로 인해 심장, 비장, 간, 신장[心脾肝腎]이 상하게 되고, 장부(臟腑)가 기능을 잃게 되고, 나아가 기운이 막히고[氣滯], 담이 쌓이고[痰結], 화가 울체되고[火鬱], 혈이 정체되는[血瘀] 등의 증상이 나타난다.

(1) 전광의 약물치료 : 중의학의 변증분형논치

① 전병

전병(癲病)은 일종의 정신이 비정상적인 병이라고 할 수 있다. 정신이 우울하고 표정이 없으며, 침묵하고 멍하다. 말의 두서가 없으며 조용하고 움직임이 적은 것이 특징이다. 청장년에서 자주 보이며, 대부분 담과 기가 막혀 뭉쳐 있어[痰氣鬱結] 심장의 통로를 막거나[蒙蔽心竅], 머리 부위에 상해 또는 뇌부위에 질환이 있거나 중독, 신경이 상해를 입는 등의 원인으로 병증이 생긴다. 환자의 성격은 우울하고 괴팍하며, 겁과 의심이 많고, 두개골[頭顱] 등이 주요 발병 요인이다. 그러나 진단에 대한 주요 근거는 사유(思惟), 정지(情智), 행위(行爲) 세 가지 방면이 비정상적인 것이다. 전병과 현대 심리 질병의 연결은 "본병은 우울증, 강박증, 정신분열 등에서 자주 보인다."[13]라고 한다.

㉠ 담기울결(痰氣鬱結) : 담과 기가 막혀 뭉쳐있는 상태

증상으로는 정신적으로 우울하고 무표정하며, 말이 적고 활기가 없고 멍하다. 의심과 걱정이 많고 혼잣말을 하며, 말에는 두서가 없다. 대

변은 물컹거리고 설태는 끈적거리며 흰색 또는 노란색이고 탁하다. 맥은 팽팽하고 미끄럽거나[弦滑] 빠르고[滑數] 축축하고 미끄럽다[濡滑]. 순기도담탕(順氣導痰湯)을 사용하고 목향(木香), 울금(鬱金), 창포(菖蒲) 등을 더한다. 간의 기운을 풀어주고 막힌 것을 풀어주고[疏肝解鬱], 담을 제거하고 막힌 통로를 열어주는[化痰開竅] 효능이 있다.

ⓒ 기허담결(氣虛痰結) : 기가 부족하고 담이 뭉쳐있는 상태

환자 상태는 감정이 냉담해 무감각할 정도이고 피동적으로 행동한다. 생각이 혼란스럽고, 환상이 보이고 환청이 들리고, 안색이 노랗고, 대변은 물컹하고 소변은 맑다. 혀의 질은 옅으며 설태는 흰색에 끈적거리고 체형은 뚱뚱하다. 맥박은 가늘고 미끄럽거나[細滑] 약하다[細弱]. 사군자탕(四君子湯)과 척담탕(滌痰湯)을 가감해서 사용한다.

ⓒ 심비양허(心脾兩虛) : 심장과 비장의 기능이 모두 약해진 상태

증상으로는 정신이 희미하고 혼란스럽고, 자주 슬퍼하고 운다. 안색이 창백하고, 사지가 피곤하고, 혀는 통통하고 치아의 흔적이 있으며, 혀의 질은 옅고 설태는 얇고 희다. 맥박은 가늘고 힘이 없다[細弱無力]. 양심탕(養心湯)을 위주로 가감한다. 기를 보충하고 비장의 기능을 강화하고[益氣健脾], 혈에 영양을 공급하고 정신을 안정시키는[養血安神] 효능이 있다.

② 광병

　광병(狂病)은 희(喜), 노(怒), 사(思), 비(悲), 공(恐)의 오지(五志)가
지나치게 극단으로 치닫거나 또는 선천적 유전으로 인하여 담과 화가
가득 넘치고[痰火壅盛], 심장의 통로가 막히고[閉塞心竅], 정신착란[神機
錯亂]으로 생긴 병이다. 정신이 흥분되고, 미친 듯이 날뛰며 항시 움직
이고 화가 많다. 또한 욕을 하거나 물건을 파괴하고 심지어 칼을 들고
살인을 저지를 수도 있다. 이러한 특징은 임상에서 자주 볼 수 있는 정
서에 의한 질병[情志疾病]으로 청장년에게서 많이 보인다. 황비송(黃碧
松) 등은 "이 병은 양의에서 자주 보이는 증상으로 정신분열증, 조울증
가운데 조증의 발작이다."라고 하였다.[14]

　㉠ 담화요심(痰火擾心) : 담과 화가 심장을 어지럽히는 상태

　환자는 돌연 발병하여, 미친 듯이 분노하며 두 눈을 부릅뜨고 노려
본다. 말은 두서가 없고 물건을 파괴하고 사람을 때린다. 가족이나 남
을 가리지 않는다. 두통으로 인해서 자주 잠을 못 자고, 갈증이 나 차가
운 음료 마시기를 좋아하고, 변비가 있다. 소변은 적색이며, 혀에 태가
많고 끈적거리며 노란색을 띤다. 맥은 팽팽하고 미끄럽고 빠르다[弦滑
數]. 생철락음(生鐵落飮)을 주요 처방으로 한다.

　㉡ 음허화왕(陰虛火旺) : 음이 부족하여 화가 왕성해진 상태

　쉽게 초조해하고 긴장한다. 때로는 조광(躁狂)으로 잠을 이루지 못
하고 정신적으로 피로하며 형색은 마르고 얼굴이 붉다. 쉽게 잊어버리

고 혀의 질은 붉고 태는 적거나 없다. 맥은 가늘고 빠르다[脈細數]. 『임증지남의안(臨證指南醫案)』「전광(癲狂)」에서 "음이 부족한[虛] 경우는 대다수가 강한 물[壯水]로 불을 억제한다. 두 개의 음 사이, 즉 이음간(二陰間)의 유형이다."라고 한다. 이음전(二陰煎)을 주요 처방으로 가감한다. 그 외에 정지환(定志丸)을 복용하여 음기를 보충하고 화기를 내리고[滋陰降火] 정신을 안정시키고 의지를 굳건히 한다[安神定志].

　ⓒ 기혈응체(氣血凝滯) : 기와 혈이 엉키고 막힌 상태

　정서(情緒)가 조급하고 어지럽고 불안하고, 화가 나면 말이 많아진다. 안색이 어둡고 혀의 질은 암자색이며, 혈액이 정체되어 생긴 피부반점[瘀斑]이 있다. 혀의 태는 엷은 흰색[薄白] 또는 엷은 노란색[薄黃]이고, 맥은 가늘고 팽팽하거나[脈細弦] 팽팽하고 빠르거나[弦數] 가라앉고 팽팽하며[沉弦] 느리다. 전광몽성탕(癲狂夢醒湯)을 사용해서 기를 조절하고 혈액 순환을 촉진하고 어혈을 제거하도록[理氣活血化瘀] 한다.

(2) 전광에 대한 침구치료법

① 전병

　막힌 것을 열어주고 담을 없애주고 정신을 안정시키는[開鬱化痰安神] 것이 처방이다. 전병(癲病)은 간의 기운이 막히고 정체되고[肝氣鬱滯], 비장의 기운이 상승하지 못하고[脾氣不升], 진액이 모이고 응집되어[凝聚津液], 담이 탁하게 되고[痰濁], 정신이 명료하지 못하게 되어[蒙蔽神明] 발병한다. 그러므로 간유(肝俞), 비유(脾俞), 풍륭(豐隆), 심유(心俞),

신문(神門)을 주혈로 삼는다. 간유, 비유, 풍륭(豊隆)은 간의 막힘[肝鬱]을 풀어주고, 비기(脾氣)를 움직이고, 탁한 담을 제거하는[化痰濁] 근본적인 치료이다. 신문, 심유를 취한 것은 심장의 통로를 열어주고[開心竅], 신명을 깨어나게 하는 것이다[蘇神明].

기를 조절하고 담을 제거하고[理氣化痰], 마음을 편안하게 하고 정신이 안정되도록[寧心安神] 치료하는 데에는 수소음경(手少陰經), 족태음경(足太陰經)과 오장배유혈(五臟背俞穴)을 위주로 한다. 평보평사법(平補平瀉法)을 사용하여 20분에서 30분 동안 유침(留針)한다. 매일 또는 격일에 한 번, 매 10회를 하나의 치료과정으로 삼는다.

② 광병

마음을 맑게 하고 담을 제거하며 뇌기능을 활성화하는[淸心化痰醒腦] 것이 처방이다. 광병(狂病)은 기화(氣火)로 인해서 생긴 담탁(痰濁)이 위로 올라가서 신명(神明)을 어지럽혀 발병한다. 수구(水溝), 풍부(風府), 소상(少商), 은백(隱白), 대릉(大陵), 곡지(曲池), 풍륭(豊隆)을 주혈로 삼는다.

대릉(大陵), 곡지(曲池)를 취해서 심포(心包)와 양명(陽明)에 있는 해로운 열기운[熱邪]을 빼내고, 다시 수구(水溝), 소상(少商), 은백(隱白), 풍부(風府)를 취해서 뇌기능을 활성화하고 감각을 열어준다[醒腦開竅]. 풍륭(豊隆)은 위장 기능을 조화롭게 하고 담을 제거하여[和胃化痰] 신명(神明)으로 하여금 주인이 되게[有主] 하니 정신이 혼란하고 안절부절못하는 상태[狂躁]는 스스로 멈추게 된다.

독맥(督脈), 수소음경(手少陰經), 수궐음경(手厥陰經) 그리고 12정혈
(十二井穴)을 위주로 한다. 예를 들어 수구(水溝), 풍부(風府), 소상(少
商), 대릉(大陵), 곡지(曲池), 풍륭(豊隆), 은백(隱白) 등이다. 소상(少商)
과 은백(隱白)은 0.5촌의 얇은 침[毫針]을 사용하여 1분 내지 2분 동안
자입(刺入)하고 수법(手法)은 사용하지 않는다. 기타 나머지 혈도는 모
두 침을 들어올리고, 찌르고, 비틀고, 돌리고 빼는 제삽연전설법(提插
撚轉泄法)을 사용하여 20~30분 동안 유침(留針)한다. 매일 또는 격일에
한 번 한다.15

2. 심리 질병에 대한 이혈치료법

황리춘(黃麗春)은『이혈치료학(耳穴治療學)』에서 현대 정신질병의 병
증과 치료법에 대해 상세히 설명하고 있다.16 아래에서 신경쇠약(神經衰
弱), 정신분열증(精神分裂症), 우울(憂鬱), 불안초조[焦慮], 신경긴장(神經
緊張), 히스테리[癔症], 만성피로증후군[疲勞綜合症], 간질[癲癇]에 대한
이혈치료법(耳穴療法)을 나눠서 서술한다.

1) 신경쇠약

신경쇠약은 신경증 또는 기능성 신경장애[神經官能症] 중에서 자주
보이는 증상 가운데 하나이다. 대부분 청장년에서 발병하는데, 병이 서
서히 시작된다[起病緩慢]. 오랜 기간 동안 모순된 생각 또는 정신적 부
담이 과중하여 두뇌를 주로 사용하는 일을 적당히 처리하지 못해 일어
나는 대뇌 피질층의 흥분과 억제기능이 균형을 잃어[失調] 일어나는 증

상들이다. 불면증이거나[失眠], 쉽게 잠들지 못하거나 또는 깊이 잠들지 못하고, 수면 시간이 짧고, 쉽게 깨고 깨어난 후에 다시 잠들지 못하고, 심지어 밤새 잠들지 못한다.

중의학에서 '불면' 증상과 부분적으로 관련성이 있다고 본다. 이혈 치료는 귀의 끝부분에서 피를 빼거나[耳尖放血], 신문(神門), 심(心), 신경계통피질하(神經系統皮質下), 침(枕), 신경쇠약구(神經衰弱區), 신경쇠약점(神經衰弱點)에 한다. 증상을 분별하여 경혈을 추가하는 것[辨證加穴]은 심장과 비장의 기능이 부족한 유형[心脾不足型], 간 기운이 막혀 순환이 원활하지 못한 유형[肝鬱氣滯型], 심장이 허약하고 겁이 많은 유형[心虛膽怯型], 심장과 신장의 균형이 깨진 유형[心腎不交型], 위의 작용이 조화롭게 내려가는 기능을 잃은 유형[胃失和降型], 꿈을 많이 꾸는 유형[多夢型], 일찍 깨는 유형[早醒型]으로 나눈다.

2) 다몽(多夢)

꿈은 수면 중에 나타나는 일종의 생리현상이다. 생활의 반영이고, 억제되지 않은 피층 세포가 활동한 결과이다. 꿈은 연속적인 꿈, 반복되는 꿈, 악몽 등 여러 종류가 있다. 꿈은 뇌세포의 충분한 휴식과 조절에 영향을 끼친다. 꿈을 자주 꾸거나 악몽을 꾸는 경우 사람의 정력과 정서에 영향을 끼친다.

중의학에서는 불면의 범주에 든다. 꿈을 많이 꾸는 증상을 치료하는 데에는 귀의 끝부분에서 피를 빼거나[耳尖放血], 심(心), 신경계통피질하, 신경쇠약구, 신경쇠약점, 다몽구(多夢區)를 주혈로 삼는다. 그 외에

신(腎), 비(脾), 간(肝), 담(膽) 증상에 따라 증상을 분별하여 혈자리를 선택한다[辨證取穴]. 치료하는 과정에서 일정한 시간을 두고 대뇌피층 신경기능의 흥분과 의지를 조절해야 한다. 이혈에 압박을 가하는[耳穴貼壓] 치료는 약 세 번에서 다섯 번 또는 상황을 보고 정한다.

3) 정신분열증

정신분열증은 정신을 다치거나 또는 기타 원인으로 인해 심각하게 대뇌피층이 혼란스러워지게 되는 것이다. 발병 연령은 청장년이 비교적 많다. 주요 증상에는 지각(知覺), 사유(思維), 언어(言語), 정서[情志]와 행동(行動) 등 기능에 이상이 생긴 것이다. 발병의 원인은 아마도 유전이나 특수한 분열 성향[特殊分裂素質], 인격분열(分裂人格), 변태심리(變態心理), 내분비 불균형[内分泌失調] 또는 심리적 외상[精神創傷]이다. 그리고 급성전염병 감염도 정신분열증을 일으키는 원인이 될 수 있다. 중의학에서는 '정신분열증'이라는 의학 명사가 없다. 그러나 증상에 관해 표현하자면 황리춘(黃麗春)은 전광(癲狂)과 백합병(百合病)이 모두 정신분열증과 상관이 있다고 본다.[17]

이첨방혈(耳尖放血), 이마[額], 간(肝), 심(心), 뇌간(腦幹), 신경계통피질하(神經系統皮質下), 신심혈(身心穴), 쾌활혈(快活穴)을 주혈로 삼는다. 그리고 나서 또 증상에 따라서 가혈(加穴)한다. 예를 들어 조증 유형[躁狂型]은 신문(神門), 침(枕)에 가하고, 울증 유형[抑鬱型]은 비장[脾]에 가하여 정신을 안정시키고 마음을 편안하게 하고[鎮靜安神], 감각을 열어주고 뇌기능이 활성화될 수 있도록[開竅醒腦] 해준다.[18]

4) 우울, 초조, 신경긴장

이런 종류의 신경증 또는 기능성 신경장애[神經官能症]는 남성보다 여성이 많다. 우울하고 불안 초조하며, 걱정이 많고, 신경을 긴장하는 것은 현대인들의 공통적인 병증으로 수면, 식욕, 집중력에 장애가 된다.

신심혈(身心穴)은 초려혈(焦慮穴)이라고도 한다. 쾌활혈(快活穴), 신경계통피질하(神經系統皮質下), 신문(神門), 침(枕)을 주혈로 삼는다. 또한 신경쇠약구(神經衰弱區), 신경쇠약점(神經衰弱點), 간(肝), 심(心)을 배혈(配穴)로 삼는다. 정서를 안정 및 진정시키고, 막힌 기운을 풀어주고 통로를 열어주며[解鬱開竅], 마음을 편안하게 하고 정신을 안정시킬[寧心安神] 수 있다.

5) 억증

억증(癔症)은 히스테리라고도 한다. 여성들에게서 자주 보인다. 처음 발병할 때 강렬한 심리적 외상 증상이 있다. 증상이 복잡하고 반복적으로 나타난다. 자주 보이는 증상으로는 감정의 불균형[情感失調], 희노(喜怒)가 불안정하고, 울고 웃는 것이 쉽게 변하고 또는 무감각한 상태이다. 또는 목에 뭔가 막힌 것 같아 무엇을 삼키지를 못한다. 돌연 실신하거나 마비상태가 되거나 말을 못하거나[失語], 목소리를 못내거나[失音], 심지어 눈앞이 캄캄하거나 실명(失明)하거나 또는 몸의 근육이 수축되어 발작하기도 한다. 중의학의 장조(臟躁), 매핵기(梅核氣), 울증(鬱症) 등의 범주에 속한다.[19]

6) 만성피로증후군

만성피로증후군[疲勞綜合症]은 일종의 임상증상이다. 많은 질병들이 피곤하고 무력한 증상을 나타낸다. 특히 과도하게 긴장한 후에 정신과 체력이 피곤함에 지쳐버린다. 중의학의 범주에는 이러한 증상은 허증(虛症)에 속한다. 이혈치료 부분으로는 비(脾), 구(口), 삼초(三焦), 내분비(內分泌), 간(肝), 신(腎)을 취해서 주혈로 삼는다. 배혈(配穴)로는 상응하는 부위를 취하고, 이첨방혈(耳尖放血), 신심혈(身心穴), 쾌활혈(快活穴)을 취해서 피로를 회복하고, 정신 상태를 개선하고, 정서를 평정시키는 등을 하도록 한다.

7) 간질

간질(癲癇)은 속칭 양전풍(羊癲瘋)이라고 한다. 돌연 발작하여 잠시동안 대뇌의 기능계통이 혼란되는 질병으로 환자는 반복해서 발작한다.

발작 전에는 머리가 어지럽고, 가슴이 답답한 증조가 나타난다. 그리고 나서는 넘어지거나, 정신을 잃거나, 안색이 창백하고, 이를 꽉 물고 두 눈을 위로 치켜뜨고, 손발은 쥐가 나고 입에서는 거품이 난다.

간질은 중의학에서는 전증(癲症)이라고 한다. 이 병은 대다수가 간과 신장의 기능이 약해지고[肝腎不足], 근본이나 원천이 부족하거나 손상되어[本源虧損], 간에서 풍이 일어나 안에서 움직이고[肝風內動], 탁한 담의 기운이 위로 역류하고[痰濁上逆], 심장의 통로를 가리고 막게[蒙蔽心竅] 된다. 정서적인 엉김과 막힘[情志鬱結] 또는 기타 질병으로 인해서 심(心), 간(肝), 비(脾), 신(腎) 등 장기의 기능 불균형[臟器失調]에 이르고 돌연 발작한다.

전간점(癲癎點), 뇌간(腦幹), 신경계통질하(神經系統質下), 뇌(腦), 신문(神門), 침(枕), 간(肝), 신(腎)을 주혈로 삼는다. 배혈(配穴)로는 침소신경점(枕小神經點), 이섭신경점(耳顬神經點)을 취한다. 뇌기능을 활성화하고 정신을 안정시키고[醒腦寧神], 체내의 풍을 제거하고 막힌 기운을 소통시키고[清瀉風阻], 감각기능을 회복시키고 의식을 되살리는[開竅蘇厥] 작용이 있다.

이상은 중의약[中藥], 침구치료법과 이혈치료법의 조심 방법(調心方法)이다. 그러나 약물치료법이 대다수이다. 침구치료법은 룬신(倫新)과 리완야오(李萬瑤)는 『현대침구임상집험(現代針灸臨床集驗)』[20]에서 불면증의 임상실험에 관해 모두 마흔두 개의 다른 혈자리로 치료하거나, 침구와 이압을 함께 사용하거나 추나 등 다양하게 실험한 경험을 수집해 놓았다. 울증의 임상실험은 모두 스물여섯 개이다. 각각 안면혈, 신문 등 혈로 치료하거나 또는 이혈첩압(耳穴貼壓), 두피침(頭皮針), 배유혈(背俞穴) 등을 척추나 등을 손가락으로 누르는 날척(捏脊)과 함께 실험을 했다.

리완야오는 「침구방법의 침구임상에서 응용(針灸方法在針灸臨床中的應用)」[21]에서 "침구임상의 효과는 각종 침자(針刺) 방법을 검증하는 평가 기준이다. 현재 어떠한 하나의 질병에 대해서 여러 가지 방법을 동시에 사용하고 있다. 전통 방법은 비교적 적다. 임상에서 침자 방법을 응용하는 데에는 첫째, 침구임상병의 종류가 비교적 국한되어 있다. 둘째, 침자 방법의 응용은 잡다하고 전통 방법이 적다. 또한 전통 침자

수법 사용이 줄어드는 원인을 첫째, 고대 침자수법은 너무 잡다하다. 둘째, 현대국가에서는 전통 방법을 통일시키기가 매우 어렵다. 셋째, 전통침자치료법의 효과에 대한 질적인 증명이 필요하다. 넷째, 침구임상 작업이 바빠서 수법까지 보살필 겨를이 없다. 다섯째, 현대침구 기기가 점차 발달되었다. 여섯째, 전통 침자법 가운데 합리적인 중심 내용을 계승한다. 게다가 임상에서 사용된 침구 방법은 우수한 점은 계승하고, 나쁜 것은 도태시켜야 하고, 또한 임상 효과를 제고시키는 것은 침자 수법의 목적이기도 하다."고 분석하고 있다.

그러므로 침구치료법이 현대심리 치료와 치료 효과를 어떻게 향상시킬 것인지에 대해서는 노력할 만한 가치가 있다. 그리고 중의학에서 사용하는 의약과 침구는 매우 많다. 또 스스로 건강을 유지하고 증진시키는 다양한 방식이 있다. 예를 들어 산책을 하거나 걷기 혹은 기공을 하거나, 음식요법, 향기요법, 화정요법(花精療法) 등 모두 적당히 융합해서 응용할 수 있다. 그리고 또 의사가 처방해 주는 처방전 또한 비교적 빨리 완쾌할 수 있도록 도와준다.

제2절 불교의 조심 방법

불교는 기본적으로 남방불교와 북방불교의 체계로 나눌 수 있다. 남
방불교는 인도·초기불교를 기원으로 하여 스리랑카, 태국 등 남방 국
가에서 발전해 왔다. 북방에는 중국 위주로 전해온 중국불교[漢傳]와
티베트에서 전해오는 티베트불교[藏傳]가 있다. 그러나 티베트 의학[藏
傳醫學]은 자신들만의 체계를 이루어 왔기 때문에 본 절에서는 확대 토
론하지 않고 초기불교와 중국불교의 조심 방식을 주로 탐구하도록 하
겠다.

부처님께서는 자질에 맞추어 가르침을 베푸는[因材施教] 교육방식으
로 사람들마다 그 근기[根性]가 다름을 보고 다양한 조심(調心) 방법을
근기에 따라서 법문을 해 주신다. 그러나 그 모든 가르침의 근본작용은
모두 스스로 마음을 깨끗이 하는 자정기심(自淨其心)에 있다. 본 절에서
는 세 가지 부분으로 나누어서 그 점에 대해 논의하겠다. 첫째 초기불
교의 조심 방법, 둘째 중국불교의 조심 방법, 셋째 불교의 조심으로 치
유된 사례이다.

1. 초기불교의 조심 방법

1) 삼학, 사념주, 팔정도와 관련된 경문(經文)

삼학(三學), 사념주(四念住), 팔정도(八正道)는 초기불교의 기본적인
조심 방법이다. 후에 중국불교에서도 이것을 공통적인 기초로 삼는다.
각각을 해석하면 다음과 같다.

(1) 삼학(三學)

계(戒), 정(定), 혜(慧)를 말한다. 첫째 계(戒)는 자신을 절제하고 통제하여 타인을 침범하지 않도록 한다. 자신의 신(身), 구(口), 의(意)가 불선한 행위를 하는 것을 방지한다. 둘째 정(定)은 잡념을 제거하고, 마음과 정신을 수렴[收攝]하여 마음을 밝혀 본성을 보도록[明心見性] 한다. 셋째 혜(慧)는 본성을 드러내고 번뇌를 단제하고 생명의 실상을 바라본다. 이 세 가지는 불교에서 실천하는 중요한 항목으로 계가 정을 낳고 정이 혜를 낳게 된다.

사람이 계를 지킬 수 있고[持戒] 지계를 통해서 내 것이 아닌 것을 취하지 않을[非我不取] 수 있다. 즉 일종의 외부 물질이나 외부 환경에 의해 영향을 받지 않는 정력(定力)을 말한다. 정력이 생기(生起)할 때 내재적인 지혜는 자연스럽게 나타난다. 만약 이러한 과정까지 공부하고 수행할[修學] 수 있다면 지조를 지키고[操守], 정력, 지혜(智慧)를 장악할 수 있다. 기왕에 조수(操守), 정력과 지혜가 생겼다면 자연적으로 수많은 혼란스러운 정서를 감소시킬 수 있다. 그렇기 때문에 삼학은 사람으로 하여금 칠정(七情)의 곤혹을 피할 수 있게 된다.

(2) 사념주(四念住)

초기경전에서 자주 언급하는 수행법은 몸을 부정하다고 관찰하는 것[觀身不淨], 느낌을 괴롭다고 관찰하는 것[觀受是苦], 마음을 무상하다고 관찰하는 것[觀心無常], 대상이 실체가 없다고 관찰하는 것[觀法無我]이다. 마음을 알아차리는 것에 집중하여 여실히 자신의 오장육부가 움직이는 과정을 관찰하면서 고, 락, 느낌 등의 작용을 느끼고, 심리적으로 일어나는 정서적 변화를 관찰하고, 나아가 우주불변의 진리가 바로 실체적 자아[實我]가 없다는 것을 관찰하는 것이다. 이러한 방법으로 잡념 망상이 일어나는 것을 방지하고 법계의 진리를 네 가지 방법으로 깨닫는 것이다. 이를 사념처(四念處)라고도 한다.

즉 신체의 더러움과 악취의 청정하지 못함을 관찰하고, 마음과 생각 [心念]의 이동 또는 흐름이 멈추지 않음을 관찰하고, 여러 가지 각수(覺受)가 고통이라는 것을 관찰하고, 또한 제법이 무아라는 것을 관찰해야 한다. 이러한 관찰을 정관(正觀)이라고 하며 이렇게 관조할 수 있을 때 그의 마음은 우주의 진상이 무엇인가를 정확하게 사유할 수 있고, 이 우주에는 궁극적으로 어떠한 행복이 있는가를 관찰하게 되고, 우주의 진리가 무엇인가를 정확하게 알 수 있고, 불법에서 말하는 소위 '아(我)' 와 '무아(無我)'가 무엇인가를 정확하게 알 수 있게 된다. 우리의 생각 속에 이러한 염두가 충만할 때 우리는 이러한 일들을 관조하느라 바쁘게 된다. 그러므로 허다한 정서적인 곤혹을 생각할 겨를이 없게 된다. 그러므로 사념주와 중의학에서 칠정은 서로 관련이 있는 것이다.

(3) 팔정도(八正道)

열반에 도달하는 정확한 여덟 가지 길을 말한다. 또한 팔성도(八聖道), 팔지정도(八支正道)라고도 하며 불교에서 가장 대표적인 실천법문(實踐法門)이기도 하다. 즉 이는 열반해탈로 통하는 정확한 방법 또는 길이다. 팔정도는 다음과 같다.

정견(正見)은 정확한 견해이고, 정사유(正思惟)는 정확한 사상이고, 정어(正語)는 합당한 언어이고, 정업(正業)은 정당한 생활행위이고, 정명(正命)은 정당한 행위로 생계를 꾸려나가는 것이고, 정정진(正精進)은 열심히 진보를 구하고 악을 단절하고 선을 수행하며 심령의 성장을 향상시킨다. 정념(正念)은 정당한 염두(念頭), 즉 잘 알아차리는 것[善念]을 말하고, 정정(正定)은 정확한 선정(禪定)을 수행하여 몸과 마음을 수렴하여[收攝] 번뇌를 끊는 것이다.

팔정도는 우리가 여덟 가지 방법을 사용해서 인생의 정확한 길을 가도록 인도해 주는 가르침이다. 그리고 이 여덟 가지 방법은 사람의 신구의(身口意)를 수렴하는 것이다. 만약 우리의 행위가 입으로 하는 말이나 마음으로 생각하는 의념(意念)을 모두 정확히 한다면, 칠정의 희(喜), 노(怒), 우(憂), 사(思), 비(悲), 공(恐), 경(驚)의 정서적인 곤혹으로 인해 병을 앓지 않을 것이다.

이것 역시 수행의 과정이면서 정서를 담박화[淡化]하는 것이기도 하다. 정서적으로 담박화 이후 자연적으로 정력(定力)이 생기게 되고, 지혜도 생기게 된다. 사실 계정혜 삼학과 사념주, 팔정도는 서로 상통하는 것이다. 삼학으로 인해 사념주가 생기게 되고 사념주로 인해 마음을 안정시키며 이렇게 해서 칠정의 문제가 해결된다. 이것이 바로 불교가 근본에서부터 접근하는 방식이며, 이는 또한 조심 방법과 칠정의 관계를 말해 준다.

2) 관련된 경문

불교에서 '무아(無我)'를 말한 때, 이렇게 해야만 '아(我)'와 '아소유(我所有)'의 집착을 떨쳐버릴 수 있어 번뇌를 감경(減輕)할 수 있다고 생각한다. 이 역시 사념주의 중요한 개념 가운데 하나이다. 그러므로 특별히 초기불교의 경문(經文)을 가지고 이 관념을 탐구해 보도록 하겠다.

'아'는 오온(五蘊)으로 형성된 것이다. 즉 색(色), 수(受), 상(想), 행(行), 식(識)은 '아'를 형성하는 요소이다. 불교 중에서 '색'은 무릇 형체가 있고 공간을 차지함을 가리킨다. 서로 장애가 되기도 하고 서로 파괴자[敗壞者]로 변하기도 하는 것을 모두 '색'이라고 칭한다. 개인적인 신체 그리고 산, 강물, 대지 등의 물질 모두 색의 범주에 속한다.

'수(受)'는 받아들인다[領納]는 의미이다. 오관이 외부 환경에 접촉되었을 때 일어나는 느낌을 신수(身受)라고 칭하고, 외부 환경에 대해서 일어나는 정서를 심수(心受)라고 칭한다.

'상(想)'은 취상(取象)의 의미이다. 외부 환경, 즉 외경(外境)을 인식할 때 외경에 대한 상, 즉 경상(境相)을 취하여 분별하고 상상하는[分別想像] 것이다.

'행(行)'은 흐름을 바꾸고 변화하는 것, 즉 천류조작(遷流造作)의 의미이다. 즉 마음속 개념에 대해 생각하고 결단한다. 그리고 생각하고 결단한 바를 따라서 행동하는 행위이다.

'식(識)'은 구별하여 아는[了別] 것이다. 마음이 외부 대상[外境]에 대해 명료하게 인식하고 식별하는 작용이다. 안식(眼識), 이식(耳識), 비식(鼻識), 설식(舌識), 신식(身識), 의식(意識)과 아집을 하는[執我] 제칠

식(第七識)이 있으며 또한 저장기능이 있는 제팔식(第八識)이 있다.

오온이 결합하여 한 명의 사람이 만들어지고 존재하게 된다. 그러나 정확한 관조를 할 수 없다면 고통을 받게 된다. 다음은 초기불교 경전에서 색, 수, 상, 행, 식, 그리고 오온을 관(觀)하거나 또는 사유함을 통해서 해탈을 얻음을 말해 주고 있다. 오온과 무상(無常)을 정관(正觀)할 수 있다면 마음은 해탈을 얻을 것이다.

초기불교 경전 여러 곳에 이와 관련된 경문들이 있다. 다음을 참조할 수 있다. 『잡아함경(雜阿含經)』 제1권 제1경에서 다음과 같이 말하고 있다.

"이와 같이 들었다. 한때, 부처님께서 사위국 기수급고독원에 머무셨다. 이때 세존께서는 여러 비구들에게 말했다. 색(色)이 무상(無常)하다고 관할 때 이렇게 관하는 자가 정관(正觀)하는 자라고 할 수 있다. 정관이란 염리심을 일으키고, 염리심을 일으킨다는 것은 탐욕을 좋아하는 마음이 다함을 말한다. 탐욕을 좋아하는 마음이 다한 자는 마음의 해탈을 얻은 자이다. 수, 상, 행, 식, 무상을 관한 자는 정관한 자이다. 정관자는 염리심을 일으키고 염리심자는 탐욕을 좋아하는 마음이 다한다. 염리심이 다한 자는 마음의 해탈을 얻은 자이다. 그러니 비구들이여! 마음이 해탈한 자는 스스로 증득하고자 한다면 증득할 수 있다. '나는 범부로서 생은 이미 다하였고, 부처로 가는 길도 이미 세웠으며, 해야 할 일들은 이미 다하였고, 다음 생이 없음을 나 스스로 알 수 있다.' 무상, 고(苦), 공(空), 비아(非我)를 관하는 것 역시 이러하다. 이때 여러 비구들은 부처님의 말씀을 듣고 모두 환희하며 받들어 행하였다."22

'무상'은 흐름을 바꾸고 변화하는 것[遷流變化]을 말한다. 세간의 만사만물은 모두 이동하고 변화한다. 사람은 생로병사가 있고, 산하대지는 성주괴공(成住壞空)이 있다. 마음과 생각[心念]은 부단히 생주이멸(生住異滅) 중에 있다. 순간순간의 생각[念]은 생멸하고, 과거의 것은 이미 멸하였고, 현재의 것은 생멸을 따라가고, 미래의 것은 아직 일어나지 않았다. 그러므로 모두 무상변화 중이다. 만약 오온에 대해서 이러한 관찰을 할 수 있다면, 우리의 마음은 탐하는 마음[貪念]에서 멀어지고 마음은 해탈을 얻어 다시는 고통받지 않을 것이다.

『잡아함경(雜阿含經)』 제1권 제2경23은 '정사유'를 가지고 '정관'을 대신했다. 즉 색, 수, 상, 행, 식을 정확하게 사고하는 것이 오온 무상을 관조하는 도리이다. 마지막에는 마음이 해탈하는 경계까지 도달할 수 있다. 게다가 자신이 스스로 이것이 마지막 생이라는 것을 알 수 있고, 다시는 윤회하지 않을 것이라는 것을 알 수 있다.

『잡아함경』 제1권 제3경에서 다음과 같이 말하고 있다.

"이와 같이 들었다. 한때, 부처님께서는 사위국 기수급고독원에 머무셨다. 이때, 세존께서 여러 비구들에게 말했다. 색에 대해 알지 못하고, 명확하지 못하고, 끊지 못하고, 욕을 떨치지 못한다면 고통을 끊을 수가 없다. 마찬가지로 수, 상, 행, 식에 대해 알지 못하고, 명확하지 못하고, 끊지 못하고, 욕을 떨치지 못한다면 고통을 끊을 수가 없다. 여러 비구들이여! 색에 대해 알고, 명확하고, 끊고, 욕을 떨친다면 고통을 끊을 수 있다. 마찬가지로 수, 상, 행, 식에 대해 알고, 명확하고, 끊고, 욕을 떨친다면 능히 고통을 끊을 수 있다. 이때 여러 비구들은 부처님의 말씀을 듣고 모두 환희하며 받들어 행하였다!"[24]

만약 오온을 여실히 알 수 있다면 고통을 끊을 수 있고, 오온을 여실히 알 수 없다면 고통을 끊을 수 없다.

『잡아함경』 제1권 제4경에서는 더 나아가 설명하고 있다.

"비구들이여! 색에 대해 알고, 명확하고, 끊고, 욕을 떨친다면 생로병사의 공포에서 벗어날 수 있다. 여러 비구들이여! 알고, 명확하고, 탐욕을 떨치고 마음이 해탈한 자는 생로병사의 공포에서 벗어날 수 있다. 이와 같이 수, 상, 행, 식을 알고, 명확하고, 끊고, 탐욕을 떨치고 마음이 해탈한 자는 생로병사의 공포를 벗어날 수 있다."[25]

마음이 해탈한 자가 비로소 진정 생로병사의 공포를 벗어날 수 있고, 마음이 해탈되지 않은 자는 여전히 생로병사의 공포 속에 살고 있다.

『잡아함경(雜阿含經)』 제1권 제5경에서 다음과 같이 말하고 있다.

"이와 같이 들었다. 한때, 부처님께서 사위국 기수급고독원에 머무셨다. 이때 세존께서는 여러 비구들에게 말했다. 색을 좋아하는 자는 고통을 좋아하는 것이고, 고통을 좋아하는 자는 고통에서 해탈할 수 없고, 고통에 대해 명확하지 못하고, 욕을 떨치지 못한다. 마찬가지로 수, 상, 행, 식을 좋아하는 자는 고통을 좋아하는 것이고, 고통을 좋아하는 자는 고통에서 해탈할 수 없다.

여러 비구들이여! 색을 좋아하지 않는 자는 고통을 좋아하지 않고, 고통을 좋아하지 않는 자는 고통에서 해탈할 것이다. 이와 같이 수, 상, 행, 식을 좋아하지 않는 자는 고통을 좋아하지 않고 고통을 좋아하지 않는 자는 고통에서 해탈을 얻게 된다.

여러 비구들이여! 색에 대해 알지 못하고, 명확하지 못하고, 탐욕을 떨치지 못하면 마음의 해탈도 없고, 탐심에서 해탈하지 못한 자는 고통을 끊을 수 없다. 이와 마찬가지로 수, 상, 행, 식을 모르고, 명확하지 못하고, 탐욕을 떨치지 못하고, 마음에 해탈이 없다면 고통을 끊을 수 없다.

색에 대해 알고, 명확하고, 탐욕을 떨치고, 마음에 해탈을 얻은 자는 고통을 끊을 수가 있다. 이와 같이 수, 상, 행, 식에 대해 알고, 명확하고, 탐욕을 떨치고 마음에 해탈을 얻은 자는 고통을 끊을 수 있다. 이때 여러 비구들은 부처님의 말씀을 듣고 모두 환희하며 받들어 행하였다!"[26]

이상의 경문에서 오온을 여실히 관조하고 사유함의 중요성을 설명해 주고 있다. 정확한 관찰[覺察]과 이해를 통해 비로소 마음이 번뇌를 떨칠 수 있고 진정한 해탈을 얻을 수 있다.

2. 중국불교의 조심 방법

석가모니께서 인도에 계시던 시대를 초기불교라고 칭한다. 그 후 불교는 중국으로 전해오고 본토 문화에 융입되어 10개의 종파로 형성되었다. 각 종파의 기본 교리[義理]는 서로 상통한다. 다만 수행 방법과 강조하는 경전이 다를 뿐이다. 그중에 정토종과 선종이 가장 성행하였다. 티베트[藏傳] 밀교는 또 다른 하나의 계통에 속하고 있다. 그렇기 때문에 이곳에서는 선종과 정토종의 조심 방법을 위주로 논의하겠다.

1) 정토종의 조심 방법

화엄종 5조 종밀(宗密) 대사는 염불 방법을 지명(持名), 관상(觀像), 관상(觀想), 실상(實相) 네 가지로 나누었다. 네 가지 염불 방법 중 '칭명염불(稱名念佛)'이 가장 추앙을 받아왔다. 다음에서 상세히 소개하겠다.

(1) 네 가지 염불 방법

① 지명염불(持名念佛)

마음속에 '일심전념(一心專念)'으로 부처님의 명호를 염하고 깨끗한 정념(淨念)으로 계속 이어가는 방식이다. 가장 간략하고 편리하고 일반 사람들에게 적합한 방법이다. 모든 연령에 적합하고 시간 제한이나 장소 제한도 없는 염불 방식이다.

② 관상염불(觀像念佛)

부처의 상이나 그림 등에 대해서 진실되게 관상하여 마치 참으로 부처님께서 눈앞에 있는 듯이 관상한다. 부처님의 정수리에 솟아있는 육계(肉髻)에서부터 미간의 백호를 관상한다. 아래로 족부까지, 다시 위로 육계까지 관상한다. 이 방법은 마음이 전혀 흐트러짐 없는 '일심불란(一心不亂)'과 염불삼매를 얻을 수 있다.

③ 관상염불(觀想念佛)

관상염불(觀像念佛)을 기초로 삼아 마음으로 불상의 상호(相好)와 광명을 관상하는 방법이다. 우선 눈으로 진실하게 불상을 관상하는데, 먼저 일상(一相)에서 다상(多相)의 장엄한 상호를 관상한다. 마음속에 깊이 각인된 인상을 새긴 후에 비로소 조용한 곳으로 가서 눈을 감고 기억하고 생각하면서[憶念] 관상한다. 불상 이외의 것은 생각하지 않는다. 어떠한 상태에서도 불상이 눈앞에 있는 것처럼, 눈을 뜨든 감든 항상 극락세계에 있는 것처럼 말이다. 『좌선삼매경(坐禪三昧經)』에서 말하길 "조용한 곳으로 옮겨 심안으로 부처를 관상하고 생각을 굴리지 말고 상에 머물고 기타의 생각을 하지 않도록 한다."[27] 만약 심중에 관상하는 불상이 명확하지 않으면 다시 눈으로 부처님의 상호를 취한다. 그리고 『관불삼매해경(觀佛三昧海經)』에서도 "이렇게 해서 마음이 머물고, 출정, 입정할 때 항상 제불들을 눈앞에 있는 것처럼 관하라. 눈을 뜨거나 감거나 곳곳이 극락세계이다(如是心住, 出定, 入定, 恒見諸佛悉在目前; 開目, 閉目, 處處無非極樂)."라고 말한다.

④ 실상염불(實相念佛)

만법의 진실한 자성(自性)을 관상한다. 불생불멸, 무명무상(無名無相), 오지도 가지도 않고 마음의 중생은 평등하다. 한 분의 부처를 염하는 것은 마치 모든 부처를 염하는 것과 같다. 이는 마치 『문수반야경(文殊般若經)』에서 말하는 것처럼 "불생, 불멸, 불래, 불거, 비명(非名), 비상(非相) 이것이 바로 부처이다. 스스로 자신의 실상을 관상하는 것처럼 관불한다."[28] 『화엄경(華嚴經)』에서도 "일체 제불 역시 일법신이다. 일불을 염할 때 일체 불을 염하는 것이다."[29]라고 한다.[30]

이상 네 가지 염불 방법에서 명호를 염하는 방법이 가장 쉽다. 일반 사람들도 연습할 수 있다. 현재는 가장 보편적으로 수행하는 방법이 되었다. 그러므로 이 방법에 대해서 좀 더 설명하겠다.

(2) 지명염불법

역대에 거쳐서 발전해 온 명호를 가지고 하는 지명염불에도 각기 다른 방식이 있다.

① 명지(明持)

소리를 내어 여래의 명호를 염한다. 만약 혼침하고 잠이 온다거나 또는 망상으로 산란하다거나 하면 이 방법을 사용하면 된다. 소리 높여 창하고 염하고 오로지 하나의 불호에 전념한다면 혼침을 대치하고 망상을 제거하고 정념(淨念)을 회복할 수 있다.

② 묵지(默持)

입술만 움직이고 소리를 내지 않는다. 그렇지만 아미타불의 성호가 여전히 매우 뚜렷하게 심중에 담겨있다. 이렇게 뚜렷하고 명백하기 때문에 마음이 산란하지 않고 정념이 분명하다. 이런 종류의 묵념법은 어느 시간 어느 장소에서도 독송할 수 있다. 사람은 임종 시에 사대가 흩어지고 육근이 붕괴될 때 심식(心識)만 남게 된다. 평상시에 묵념 공부는 이때에 매우 큰 도움이 된다.

③ 반명반묵지(半明半默持)

소리 높여 염불하면 힘들고, 소리 내지 않고 묵념으로 하면 또 혼침이 오고, 그래서 그 가운데 중도를 취해 염불을 끊이지 않고 지속적으로 하고 입술과 치아 사이에서 소리를 낸다. 염하면서 듣고, 입에서 소리 내고 귀로 듣고, 한 글자 한 글자 분명히 한다.

④ 관상염(觀想念)

명호를 가지고 염불하는 동시에 불신상호(佛身相好)의 장엄함도 관상한다. 예를 들어 부처님의 상이 바로 내 앞에 서서 또는 손으로 나의 정수리를 쓰다듬거나 또는 옷으로 나의 몸을 덮어주는 등이다. 또는 극락세계의 황금 땅과 보배 연못, 누각과 보배나무 등을 관상한다. 평상시에 극락세계의 여러 가지를 이미 마음속에 담고 있기에 일단 임종 시에 마음속에 염불한 극락세계의 뛰어난 모습을 자연히 담게 된다.

⑤ 추정염(追頂念)

글자와 글자, 그리고 문구와 문구 사이가 아주 긴밀하게 연결되어 있다. 한 글자에 잇따라 한 글자, 한 문구에 한 문구가 이어지고, 소리와 소리가 이어져서 밀어붙이므로 중간에 빈틈이 전혀 없다. 정진하고 노력하는 추정염이다.

⑥ 예배염(禮拜念)

염불을 하면서 예불을 한다. 또는 한 마디를 염하고 난 후에 일배를 한다. 또는 염하면서 예배하는, 즉 염(念)과 배(拜)를 함께하므로 몸과 말이 합일된다[身口合一]. 송나라와 명나라 이래로 성행하는 대비참(大悲懺), 양황참(梁皇懺), 설날에 천불에게 예배함 등 각종 참회법은 바로 이러한 '예배염'의 방식을 채택한다.

⑦ 기십염(記十念)

불호를 염할 때 염주로 숫자를 기억한다. 불호를 열 번 염하고 염주 하나를 굴리는 방식이다. 이런 방식은 망념을 대치하는 데 효과가 있다.

⑧ 십구기염(十口氣念)

한 호흡 동안 불호가 몇 번이 되었던 틈 없이 이어서 추정(追頂)하여 염한다. 한 호흡의 숨이 다하게 되면 다시 한 호흡을 들어 마시고 계속 염한다. 그러므로 한 호흡, 즉 일구기(一口氣)라고 칭한다. 이렇게 10번 하는 것을 십구기(十口氣)라고 한다. 십구기의 염이 끝나는 데는 대략 5분 정도 걸린다. 바쁘게 일하는 사람들에게 적합한 방법이다.

이렇게 정념(淨念)을 이어서 계속하면 쓸데없는 망상이 줄고 또 수시로 염불을 할 수 있게 된다. 그렇기 때문에 바쁜 현대인들에게 가장 편리한 조심 방식이다.

(3) 염불할 때 네 가지 심경(心境)

성운대사(星雲大師)께서는 네 가지 다른 심경으로 염불할 수 있다고 한다.

"첫째 기쁨 마음으로[歡歡喜喜] 염불을 한다. 염불할 때의 마음은 마치 노래를 부르고 춤을 추듯이 기쁘고 환희롭다. 둘째 슬프고 애달픈 마음으로[悲悲哀哀] 염불할 때는 마치 마음속이 대단히 슬프고 괴로워 어디에 하소연할 데가 없어 아미타불에게 말하는 것처럼 한다. 셋째 참된 마음으로[實實在在] 염불을 하면 아침에 일어날 때마다 부처님과 함께 일어나고 저녁마다 부처님과 함께 잠을 자고, 한 문구 한 문구 참된 마음으로 염하고 귀에 뚜렷하게 들리므로 마음속으로 명명백백하게 생각할 수 있다. 한 문구마다 부처님 한 분이 마치 눈앞에 계신 듯하다. 넷째 공한 마음으로[空空虛虛] 염불을 하면 손도 공(空)하고 발도 공하고, 염불하는 나도 공하고 너도 공하고, 하늘도 공하고 땅도 공하다. 내 이 몸이 어디에 있는지 알 수 없고 심전식해(心田識海), 즉 마음밭과 인식의 바다는 무한히 확대되어 마음과 우주는 하나로 합한다."[31]

염불법문(念佛法門)은 가장 간편한 법문(法門)의 일종이다. 수시로 아무 때나 조심(調心)을 위한 방식으로 사용할 수 있다. 차를 탈 때도 운동할 때도 밥을 할 때도 텔레비젼을 볼 때도 언제 어디서나 염불로 마음을 정화시킬 수 있다.

2) 선종의 조심 방법

인도 '선나(禪那)'는 의역하면 '정려(靜慮)'이다. 또는 '사유수습(思惟修習)'이다. 즉 고요하고 잠잠한 정묵(靜默) 상태에서 진리를 사유하는 방법이다. '사선팔정(四禪八定)'이 있고 심지어 더 높은 경계가 있다. 마지막에는 해탈열반을 향해 나간다. 중국 선종의 '선(禪)'은 또 '종문선

(宗門禪)'이라고도 한다. "여래께서 언교로 주신 것 이외의 특별한 가르침에는[敎外別傳] 문자를 세우지 않고[不立文字] 직지인심하여(直指人心) 견성성불(見性成佛)한다."를 종지로 삼는다.

선정을 수습(修習)하는 데에는 일반적으로 계, 정, 혜를 수지(修持)하여 입문한다. 계로 정을 낳게 하고, 정으로 혜를 낳을 수 있다. 생활 속에서 다른 사람을 침범하지 않으며, 탐진치의 마음도 적어지고, 경계를 만나도 악념이 일어나지 않게 되므로 정력(定力)이 생기게 된다. 정력은 지혜를 낳으므로, 정력이 생기면 지혜는 자연히 나오게 된다.

(1) 선을 수행하는 법문[禪修法門]

고대 대덕(大德) 스님들의 선수 방법으로는 주로 참화두(參話頭), 정좌(靜坐)가 있다.

소위 '참화두(參話頭)'는 바로 하나의 염두(念頭)를 일으켜서 그것이 어디서부터 시작하는지 또 어디로 향해가는지를 보는 것이다. 이 일념을 아주 단단히 붙들고 있고, 이 하나의 화두를 부단히 사유한다. 부단히 이 말에 정주(定住)한다. 참화두(參話頭)는 의미있는 말이 있고, 또한 무의미한 말도 있다. 화두는 일반적인 상식으로 해석하면 안 된다. 또한 논리적인 추리도 하면 안 된다. 참화두는 단지 이 말에 집중해서 잘 붙잡고 있도록 하는 것이다. 예를 들어 '염불하는 나는 또 누구인가?', '개는 불성이 있는가 없는가?', '꿈도 없고 생각도 없을 때 주인공(主人公)은 어디에 있는가?' 부단히 의문을 제기한다. 그러다 보면 어느 순간 돌연 깨닫게 되어 모든 망념, 잡념에서 벗어나 자성을 깨닫게 된다.

또 반주삼매(般舟三昧)가 있는데, 폐관수행을 하는 것이다. 일정 시간 동안 정진 수행하는 것이다. 즉 집중적으로 수련하고 강력하게 수행하는 것이다. 그러므로 반드시 대무외(大無畏), 대용맹심을 발하고 생사를 무릅쓰는 결심을 내어야 한다. 인내심, 의지력, 대서원을 세우지 않으면 실천해 낼 수 없다.

현재 선종의 조심 방법에서 일반인들이 가장 많이 사용하는 방법은 정좌(靜坐)이다. 정좌는 일반 사람들이 학습하기 쉽고, 자신이 편한 시간과 장소에서 진행할 수 있기 때문이다. 정좌가 비록 일종의 조용한 상태이지만 그러나 내심의 경계는 소란스러움에서 정정(定靜)으로 간다. 정좌를 지도함에 매우 뚜렷한 설명과 특색이 있다. 동양치료 방식의 준거가 될 수 있다. 정좌의 방법은 수식관(數息觀), 사념처(四念處) 등이 있다. 가장 많이 사용하는 것은 수식관이다. 왜냐하면 사람의 입장에서 호흡은 매우 중요하지만 소홀히 하는 간단한 동작이기도 하기 때문이다.

① 수식관(數息觀)

일반인들은 외부에 끌려가는 습관이 있기 때문에 눈으로 보는 것, 귀로 듣는 것, 코로 냄새를 맡는 것, 맛을 보는 것, 신체의 촉각, 심지어 마음속의 의념(意念)을 막론하고 시시각각 몸 밖의 모든 경계를 주의하고 있지 않을 때가 없다. 정좌 때는 모든 주의력을 호흡에 둔다. 들이마심과 내뱉음을 주의하여 내심(內心)을 수렴하는 연습을 한다. 이렇게 하면 외부의 대상[外境]에 끌려가지 않는다. 그것의 장점은 마치 심정

스님(心定和尙)이 『선정과 지혜(禪定與智慧)』에서 서술한 것처럼 "정서 관리, 성품의 함양(涵養)을 향상시키고, 건강을 촉진시키고, 스트레스를 풀어준다."[32]

② 수식방법(數息方法)

혀끝을 자연스럽게 입천장[上顎]에 대고 마시는 숨과 내쉬는 숨을 일회로 삼는다. 숨을 마실 때 마음속으로 '하나'하고 세고 그런 후에 천천히 숨을 내쉬고 다시 마실 때 '둘' 하고 세고 다시 천천히 숨을 내쉰다. 이렇게 열까지 세는 것을 1회[回圈]라고 한다. 정신을 호흡에 집중하면서 다시 처음 '하나'에서부터 '열'까지 센다. 이럴 때 호흡이 매우 순조로우면 늘 망념이 생긴다. 결과적으로 '열하나' 하고 넘어버린다. 이때에 즉시 관찰하고[覺察] 다시 '하나'로 돌아가서 세도록 한다. 이렇게 뚜렷하게 호흡에 주의를 기울이면서 자신의 마음이 일어나고 생각이 움직이는 것[起心動念]을 관찰한다.

이러한 수식방법으로 천천히 조심(調心)을 한다. 평상시에 늘 외부 세계에 정신이 팔리는 마음을 자신의 내면세계의 변화에 대해 집중하도록 한다. 또한 내심의 많은 번뇌의 대상들을 관찰하도록(覺察) 한다. 천천히 이렇게 호흡의 수를 세는 동작을 습관들이고 나면 생활 속에서 만약 어떤 경계가 닥쳐올 때 자연적으로 수식관을 사용하는 습관으로 인해서 정력이 생기게 되고 부당한 정서를 억제할 수 있다. 부당한 정서를 억제할 수 있다면 신체는 자연히 정서적인 영향을 받지 않을 것이고 몸과 마음은 건강해질 수 있다.

(2) 선수(禪修)의 경계

선종(禪宗)에서 수행하는[修持] 경계(境界)로 사선팔정(四禪八定)이 있다. 심지어 이보다 훨씬 더한 경계도 있다.

사선(四禪)은 색계천(色界天)의 네 가지 선정상태(禪定境界)이다. 즉 초선(初禪), 이선(二禪), 삼선(三禪), 사선(四禪)이다. 게다가 무색계천(無色界天)의 사무색정(四無色定)의 경지가 있다. 즉 공무변처정(空無邊處定), 식무변처정(識無邊處定), 무소유처정(無所有處定), 비상비비상처정(非想非非想處定)을 합해서 팔정(八定)이라고 칭한다.

다음은 사선팔정 각각의 상태마다의 심리활동 상태와 주관적인 느낌[感受]이다.

초선은 이생희락(離生喜樂)이다. 호흡기운(呼吸氣息)이 전신의 모공을 자유자재로 출입하는 느낌을 가지고 가볍고[輕利] 평안한 희락(喜樂)의 느낌을 얻을 수 있다.

이선은 정생희락(定生喜樂)이다. 정(定)에서 선열(禪悅)이 일어난다. 마음과 정신[心靈]도 맑고 밝으며 청명하고 마치 암실에서 걸어나와 해와 달의 광명을 보게 되는 것과 같다.

삼선은 이희묘락(離喜妙樂)이다. 이선에서 희락이 샘솟는 느낌을 받아서 선정이 견고하지 않게 된다. 그러므로 마음을 수렴하고 진리를 관찰한다[收心諦觀]. 기쁜 마음은 이로써 제거하게 된다. 그리하여 고요하게 정에 들게 되고 잔잔하고 끊임없이 이어지는 묘락(妙樂)은 마음속에서 흘러나와 온몸에 가득하고, 세간에서 몰랐던 즐거움을 느끼게 된다.

사선은 괴롭지도 즐겁지도 않은 느낌[非苦非樂受]이다. 들고 나는 숨

[出入息]이 끊어지고 망상이 사라지고 정념이 견고하고 심령은 공허하고 고요함[寂靜]에 들어 마치 티끌없이 맑은 거울과 같고, 맑고 깊은 고요한 물과 같다. 만사만물 모두 남김없이 명백하게 나타난다.

공무변처정은 오로지 한마음으로 공을 생각하고[一心念空] 깊은 선정에서 다만 끝없는 허공만 보이고 기타 물질은 없다. 마음속은 청명하고 무애자재(無礙自在)하며 마치 새가 새장을 벗어나 날아가는 것처럼 허공에서 자유자재로 비상한다. 이것을 공무변처정이라고 칭한다.

식무변처정은 식(識)과 상응한 후, 깊은 선정에 들어 다만 과거, 현재, 미래의 일들만 명백하게 드러나 정(定)과 상응하지만 분산하지 않는다. 마음속이 청정하고 적정함은 언어로써 형용할 수가 없다. 이를 식무변처정이라고 칭한다.

무소유처정은 깊은 선정[深定]에서 마음속에는 의지할 바가 없고[空無所依] 제상(諸想)이 일어나지 않는다. 평온하고 적정함을 무소유처정이라고 한다.

비상비비상처정은 온 마음으로 집중하고 있어서 있는 것도 아니고[非有處] 없는 것도 아닌 상태[非無處]를 내려놓지 못한다. 결국에 참된 정의 경지[真實定境]에 도달하게 된다. 어떤 모습[相貌]이 있든 없든 다 존재하지 않는다. 마음속은 청정하고 무위한[清淨無為] 상태이다. 삼계의 선정 중에 본 경계가 가장 높다. 비상비비상처정이라고 칭한다.

사선팔정은 세간정(世間定)이다. 또한 선정의 기초이다. 부처는 이러한 선정의 경지를 운용해서 도를 이루었고[成道] 열반에 들었다.

요컨대 염불은 가장 쉽게 조심(調心)하는 방식 중에 하나이다. 왜냐

하면 아무 때나 아무 곳에서나 염할 수 있기 때문이다. 남녀노소 구분
없이 동서남북 상관 없이 다 염할 수 있다. 이것보다 더 간편하고 쉬운
방법은 없다. 하물며 염불할 때는 마음과 불보살이 서로 이어지고 상응
한다. 현대인들의 바쁜 생활 속에서 하루에 일정 시간을 할애해서 공부
해야 한다는 것은 쉬운 일이 아니다. 반면 염불은 바쁜 현대인들에게
아주 편리한 방법이다. 걸을 때, 운동할 때, 차를 탈 때, 밥을 먹을 때,
일할 때, 언제 어디서나 염불할 수 있다. 그러므로 현대인들 입장에서
보자면 이것은 널리 행할 수 있는 조심 방법이다.

그리고 선수행[禪修]은 환경과 설비상에 주의할 일들이 있다. 예를
들어 선수행을 할 때 특별히 조용한 곳이 필요하거나 또한 자신에게 적
합한 방석이 필요하다. 지나치게 딱딱하거나 또는 지나치게 푹신하거
나 하면 안 된다. 또한 자신의 몸집 크기에 적당해야 한다. 선수행은
일반 사람들이 공간과 시간이 있다면 바로 정좌할 수 있다. 조식(調息)
도 조심(調心)도 할 수 있다. 마음을 조절하고 나면 호흡은 자연히 고르
게 된다. 고르게 되면 호흡은 느긋해지고 완만해진다. 이에 따라 마음도
자연히 평온해진다. 이것은 몸과 마음이 서로 영향을 주는 결과이다.

그러므로 선수행을 하는 사람들은 통상적으로 건강이 좋다. 그러나
마음속 경계는 그렇지만은 않다. 마음속의 경계는 자신이 마음을 완전
히 고요하게 다스릴 수 있느냐에 달려있다. 긴장한 상태에서 앉아서 좌
선을 한다고 마음이 고요해지는 것은 아니다. 오히려 망상이 더 분분해
지고 생각이 더 많아진다. 몸은 멈춰서 조용해졌지만 마음속은 오히려
들끓고 있다.

그러므로 양자를 비교할 때 현대인들에게는 염불로 마음을 고요하게 하는[靜心] 방법이 더 유용하다. 만약 선수행의 방식을 취하고자 한다면 반드시 적당한 환경조건이 필요하다.

앞에서 말했듯이 성운대사(星雲大師)는 네 가지 각각 다른 마음 상태[心境]에서 염불하는 방식, 즉 "기쁜 마음으로 하는 염불, 슬프고 애달픈 마음으로 하는 염불, 참된 마음으로 하는 염불, 공한 마음으로 하는 염불"이 있다고 했다. 이 네 가지 방식은 사람의 마음과 매우 가깝다. 사람마다 마음 상태[心境]가 다르기 때문에 각자 염불할 때의 심정역시 모두 다르다. 어떤 이는 염하면 할수록 처량해지고 가슴 아픈 일이 생각나면 그냥 엎드려 부처님에게 호소하게 된다. 염하면서 마음속에 담고 있던 말을 호소한다. 어떤 사람은 염불할 때 부처님과 함께 있다고 생각한다. 그래서 염하면 할수록 환희심이 일어난다. 마음도 갈수록 즐겁고 행복해진다. 어떤 사람은 마음을 고요하게 하고 대단히 착실하게 부처님의 명호 한 마디 한 마디를 지속적으로 염한다. 자연히 마음도 고요해진다. 망상하거나 흐트러진 생각[念頭]이 없다. 그리고 또 공한 마음으로 염불하는 사람은 더 이상 물질적인 생활에 연연하지 않는다.

염불할 때 마음속의 청정함이 마치 허공과 상응하는 것과 같다. 자연적으로 높은 경계를 나타낸다. 그러므로 이러한 네 가지로 봤을 때 일반 사람들은 비교적 참되게 염불하는 것을 좋아한다. 그리고 슬픔에 가득 차서 염불하거나 또는 기쁜 마음으로 염불하는 상황은 각자의 그때 심경에 달려 있다.

또한 선수행은 염불과 함께 연결해서 수행할 수 있다. 가장 좋은 방식이다. 왜냐하면 심념(心念)을 부처님의 명호[佛號]에 놓으면 마음이 고요해지기 쉽다. 이것은 마음을 한군데 묶어놓는 방식 중의 하나이다. 좌선을 할 때 역시 마음을 한군데 묶어두는 곳이 있어야 한다. 예를 들어 불상을 관하거나 또는 호흡을 관하거나 또는 수식관을 하거나 이 모두 좋은 선수행의 방식이다.

요컨대 선수행과 염불 두 가지 모두 좋고 선수행과 염불을 함께 결합하면 더욱 좋다. 선수행과 염불은 사람의 근기[根器]에 따라서 정하는 것이기 때문이다. 서로 돕고 서로 보완해서 이루어진다. 만약 좌선을 할 수 있다면 좌선을 연습하고 거기다가 염불까지 더하면 된다. 그러나 어떤 사람은 적당히 조용한 환경이 없어서 그저 염불로 마음을 다스리는 조심(調心)을 위주로 한다. 이것은 선종과 정토종에서 생활 속에 응용하는 방식이다.

기타 종파에 대해서는 선종이나 정토종처럼 성행하는 종파가 없다. 그래서 선종과 정토종으로 설명을 했다.

3. 조심으로 치유된 사례

다음 사례들은 불교의 조심 방식을 운용하여 염불, 선수행 등 조심 방식으로 심리 질병을 치유하였거나 또는 신체의 병환으로 심리적 번뇌를 일으킨 환자들을 치유했거나 개선되었던 사례들이다.

1) 첫 번째 사례

궈허훠(郭和齡)는 대학교수이다. 여유없이 바쁜 생활을 하면서 매일 피곤한 몸과 마음을 이끌고 귀가한다. 게다가 부인이 교직 생활을 하면서 공부를 해야 했기에 집안일을 분담해서 도와주었다. 또 모친이 중병을 앓고 있어서 스트레스가 이만저만이 아니었다. 2006년 3월에 정신과에서 우울증 진단을 받았다. 자신의 우울증 증상을 바라보면서 생각했다. 10년 동안 채식을 하고 보시를 하고 독경을 하고 집에서 경전을 공부하고 이렇게 열심히 살았는데, 어째서 이러한 결과를 얻었단 말인가? 도대체 무엇이 문제인가?

그는 태생이 쉽게 초조해 하는 성격이었다. 계속 이어지는 일에 대한 압박, 몸의 병고에 시달려 생을 끝내고자 하는 생각도 했던 적이 있다. 단지 매번 그런 생각이 들 때 '불법을 배우는 사람은 이런 방식으로 생명을 끝내면 안 된다'며 즉시 생각[念頭]을 돌렸다. 그렇게 부단히 반복 또 반복하면서 마치 사람과 하늘이 전쟁을 벌이는 것 같았다.

나중에는 집에서 공부하는 것을 내려놓기로 했다. 그리고 선수행 활동에 참가하고 대중들과 접촉하고 도량에서 함께 수행을 하고 불교 강좌를 듣는 등 생활을 바꿨다. 그러면서 어떻게 해야 불법을 생활 속에서 착실하게 운용할 수 있는지, 어떻게 당면한 문제들을 해결하는지, 어떻게 내려놓는지를 공부했다. 그리고 망상과 잡념 대신 '아미타불'을 염송했다. 결국 망상과 잡념은 사라지고 우울증 약도 끊고 증상은 완치되었다.

궈허훠는 "그 후로 출근을 하든 집에 있든 나는 쉬지 않고 '아미타불'을 묵묵히 염송했다. 때로는 정좌도 했다. 특히 잠들기 전에 부처님 명호[佛號]를 묵념하다 보면 어느새 잠이 들어있다. 설사 한밤중에 습관적으로 깨어나더라도 뇌리에 초조함과 망상 잡념도 사라지고 단지 한 마디 또 한 마디 불호만 남아 있다. 이제는 눕기만 하면 금방 잠이 든다. 5월 중순에 나는 우울증약 복용을 끊었다. 근 한달 동안 심장박동이 빨라지는 증상도 사라졌고 수면의 질도 갈수록 좋아졌다. 나는 용감하게 일과 사람을 대했으며, 대하는 순간 나의 마음은 평온하다. 예전에 발생했던 모든 일들이 눈앞에 선명했었던 것도 어느새 흐릿해져 가고 있다. 심경의 전환으로 나는 더욱 큰 용기를 가지고 도전을 한다. 몇 달 동안 지나온 길을 돌이켜 보면서 깊이 깨달은 것이 있다. 견고한 신앙은 사람으로 하여금 희망을 가지게 하고, 참회의 참배를 하는 것은 겸손을 배울 수 있어 업장을 감소시키고 복덕과 지혜를 쌓을 수 있다. 선지식의 인도를 따라 여법하게 수행을 하면 신구의(身口意)가 악업을 짓는 일을 감소시킬 수 있다."[33]고 말했다.

귀허휘는 일의 압박으로 인해서 몸과 마음이 무너질 듯이 피곤하여 심지어 목숨까지 버릴 생각을 했었다. 그러나 염불과 정좌로 조심을 하여 그러한 충동적인 생각을 극복하였고 용감하게 곤경을 마주하고 우울증을 극복한 사례이다.

2) 두 번째 사례

야줘(亞卓)는 빌뉴스(Vilnius) 대학을 졸업한 작가로 자궁암에 걸려서 자궁, 난소 등을 들어내는 수술을 했다. 정기적으로 검진을 잘 받고 약을 잘 챙겨먹기만 한다면 기본적으로 건강에 대해 크게 우려하지 않아도 된다고 했다. 그러나 암으로 인한 죽음에 대한 생각은 거미줄처럼 그녀를 휘어 감고 있었다. 생명에 대한 곤혹감은 생활 속에서 그녀에게 어두운 그림자를 만들어 주었다. 수시로 인생의 방향을 생각하게 했다. 30년 동안 기자 생활을 해왔던 야쥐는 이제 긴장감과 커다란 압박감 속에서 생활하게 되었다. 그녀는 자신의 긴장감을 풀어주고 몸과 마음의 긴박함을 해소할 수 있는 방법을 찾을 수 있기를 희망하고 있었다.

야쥐는 친구의 추천으로 처음 대만의 불광산을 찾게 되었다. 중국어를 모르는 그녀는 스님을 따라서 대웅보전으로 가서 아침공부를 하고 그 심정을 말했다. "부처님과 마음이 이어지는 환희 속에 잠겨 마치 생명은 영원하다는 느낌을 받았습니다. 이런 느낌은 흐르는 맑은 물과 같았고 나의 몸과 마음을 깨끗이 씻어준 것 같았습니다. 저는 체험했습니다. 생로병사는 생명의 과정일 뿐이라는 것을, 그래서 암은 생명에서 걱정할 일이 아니라는 것을 말입니다." 아침공부는 그녀의 마음과 생각[心念]을 전환시켜 주었고 2년 넘게 꽁꽁 묶여있던 마음을 풀어주었다. 야쥐는 "내 비록 불제자는 아니지만 독경 소리만 들으면 번잡했던 마음은 즉시 고요해진다. 독경 소리는 치료하는 양약이다."[34]며 절실하게 느꼈다.

야쥐가 정업림(淨業林)에서 염불할 때, 아미타불의 극락세계를 관상할 때 그녀의 귓전에는 부처님의 명호를 염하는 소리가 들려왔다. 이런 기묘한 느낌은 그녀의 들뜬 마음을 안정시켰다.

야쥐는 산에서의 생활에서 좋은 방법을 배웠다. 자신을 보고, 자신의 마음을 항복(降伏)시키는 방법이다. 산에서 하는 일에 전념할 수 있고, 고요한 생활은 그녀로 하여금 긴장을 풀고, 내려놓을 수 있게 했다. 또한 생명의 의미와 가치를 찾을 수 있었다.

3) 세 번째 사례

벨기에의 프리드 하은은 사랑, 사업, 가정, 건강 등 여러 문제 때문에 심각하게 시달리고 고뇌하고 있었다. 여행 잡지에서 불광산 소개문을 보고 이러한 고뇌를 털어버리고 잠시나마 마음의 여행을 가보고자 7일 동안의 템플스테이(불칠(佛七))에 참가했다. 고요하게 집중하는 좌선은 자신의 마음속이 어지럽다는 것을 느끼게 해 주었다. "불칠 시작 3일 동안, 푸른색 재가복을 입은 하은은 비록 염불법당에 앉아 있었지만, 뇌리에는 영화처럼 끊임없이 과거의 유쾌하지 못한 사람과 일들이 떠올랐다. 결국 자신도 모르게 울음을 터뜨렸다. 4일째 스님께서 그녀에게 아미타불의 자비의 빛[慈光]이 자신에게 가피를 주는 모습을 관상하도록 했다. 부처의 자비가 그녀 마음속에 남게 되었다. 5일째 하은은 아미타 부처님이 손에 들고 있던 법륜이 하은의 품으로 굴러들어 오는 것을 보았다. 기묘하게도 하은의 마음은 이때부터 진정으로 평온해졌다."

스님께서 말씀하시기를 "하은이 처음 왔을 때 두 눈에 다크서클이 있었고 마음도 불안하고 정신도 좋지 않아 잘 웃지 않았는데, 부단히 수정(修正)하고 수행하여 다른 사람이 되었다. 울보였던 그녀는 지금 스마일이 되었다. 고통 속에서 인간의 해탈의 길을 찾아 지구 반을 돌아 천리길을 멀다 하지 않고 성지 불광산에 와서 수년 동안의 고통에서 해방되었다."[35]

본 사례는 7일 동안 연속적으로 조심수행 법회를 참석한 기록이다. 처음에는 마음이 어지러웠지만 염불, 정좌를 통해 마음의 평온을 얻어 다년간의 고통에서 벗어나게 되었다.

4) 네 번째 사례

왕지아미아오(王佳妙)는 공무원이다. 남들이 부러워하는 직업과 행복한 가정을 가지고 있다. 1990년 안정적이고 행복한 나날을 보내던 중 남편이 돌연 간암으로 사망했다. 돌연한 변고라서 혼자서 집안을 꾸려나가야 했다. 경제적인 면 그리고 자녀들의 교육 문제 그리고 남편을 잃은 고통을 혼자서 고스란히 감당해야 했다. 심신은 피곤하고 살아가는 모든 것이 무의미했다. 집안은 비통한 분위기였다.

지아미아오는 경제력의 중요성을 체득하고 온 힘을 다해 일을 했고 아버지 역할까지 하느라 항상 바쁘게 생활했다. 그러나 마음속에는 늘 죽음이 자신에게 수시로 다가올 수 있다는 공포감을 느끼고 있었다. "바쁘다는 것은 진통제가 된다. 나는 잠시 고통을 잊고 매일 매일 지칠 때까지 바쁘게 일을 했다. 잠깐이라도 쉴 때면 불안과 공포증이 수시로 나를 덮쳐온다. 무상(無常)이 언제 올지 모른다고 언제나 생각하고 있다. 깊은 밤이면 깊이 잠든 아이들을 바라보면서 자신도 모르게 아이들의 코끝에 손을 놓고 숨을 쉬고 있나 하고 확인을 했다. 죽음의 신이 언제 올지 모른다는 생각에서이다."

그러던 어느 날, 무심결에 성운대사님의 『금강경강화(金剛經講話)』

를 보게 되었다. 나는 불안한 마음에 의지처를 찾게 되었고 『금강경강화』를 읽고 나서 나의 황폐한 심령은 자양을 얻었고 한 번 또 한 번 여러 번 읽을 때마다 마음이 확실해졌다. '응무소주이생기심(應無所住而生其心)' 게송에서 나는 나의 아집을 내려놓아야 무한한 잠재능력을 개발할 수 있다는 점을 깨닫게 되었다. 가르침에 따랐다. 다시 희망을 보고 다시 행복을 찾게 되었다. "나에게 인생의 밑바닥에서 걸어나갈 수 있는 힘을 주어 다시 자재로움으로 희열을 얻었다."[36]

왕지아미아오는 간암으로 남편을 잃었다. 그녀에게는 급작스러운 인생의 변화였다. 현실 생활은 마치 지옥과 같았다. 그녀는 『금강경강화』를 읽고 아집을 내려놓는 깨달음을 얻었다. 다시 행복을 찾았고 인생의 밑바닥에서 다시 걸어 나와 자재롭고 기쁘게 생활하게 되었다.

제3절 조심 방법 비교연구

중의학과 불교에서 심리 질병을 치료하고 처리하는 요점은 다음과 같다.

중의학은 약으로 심리 질병을 치료한다. 심리 질병은 생리와 심리적으로 일어난 현상이다. 중요한 것은 생리적 맥의 상태[脈象]이다. 생리적으로 나타나는 심리 상태나 증상을 관찰하고 약을 쓴다. 이 점에 대한 심리적 어려움과 문제점은 약물을 사용해서 기를 다스리고 정신을 안정시키는[理氣安神] 방법뿐이다. 그러나 심리적 문제에 관해 직접적으로 바른 인도를 받을 수 있는 진정한 방법은 아니다.

불교는 이러한 방면에 힘을 쓸 수 있다. 불교는 약물을 사용하지 않는다. 그러나 사람에게 어떻게 마음과 생각[心念]을 관찰하고, 어떻게 자신의 정서의 기복에 주의를 기울이는지, 탐진치 번뇌의 근원을 보게 하는지를 가르치고 인도할 수 있다. 그러므로 환자는 관찰할 때 자연스럽게 자신의 고통을, 심리 질병의 근원을 볼 수 있다. 예를 들어 어떤 사람이 대단히 애타고 있다면, 불교에서 무상(無常)을 관심(觀心)하는 방법을 사용한다. 그러면 점차적으로 그렇게 급박하게 애달파거나 심각하게 생각하거나 구제할 방법이 없다거나, 이런 것이 아니라는 것을 알게 된다. 이러한 체험을 통해 그는 긴박하고 애타고 걱정되고 심각하고 더 이상 갈 길이 없다는 생각이 점차 자연스럽게 줄어든다. 그러므로 마음의 수행에 주의를 기울여야 한다. 이것은 불교와 중의학의 차이점이다.

불교와 중의학의 조심 방법의 공통점은 다음과 같다. 불교에서는 마음이 평온하고 기운이 조화롭고[心平氣和], 마음이 안정되고 정신이 고요한[心安神靜] 것을 말한다. 이것은 심리적 수행의 힘으로 이루는 것이다. 그러나 중의학에서는 약물을 사용해서 신체에 영향을 주어 정신을 안정시키고 마음을 안정시킨다. 양자의 치료 방식은 매우 큰 차이점이 있다. 하나는 심리적으로 또 하나는 생리적으로 집중한다. 그렇다면 양자 사이에 어떠한 공통점이 있는가? 양자 모두 정신을 안정시키고 마음을 평온하게 하는[安神安定] 것을 목적으로 한다는 점이 같다. 단지 불교에서는 이러한 점 이외에 더욱 높고 커다란 목표가 있다. 번뇌를 철저하게 단절시키는 것이다. 번뇌를 철저하게 단절시켜서 '나'에 대한 여러 가지 집착을 버려야만 깨달음의 경계에 도달할 수 있기 때문이다. 오로지 마음의 여러 가지 망상을 철저하게 관조해야지만 마음의 해탈에 도달할 수 있다. 이 점은 중의학과 불교의 매우 커다란 차이점이다.

그렇다면 어째서 양자 사이에 서로 대화를 할 수 있는가? 이 둘의 착안점이 모두 '조심(調心)'에 있기 때문이다. 사람의 마음을 조절해 내고자 하는 목적이다. 이 점이 바로 이들의 공통점이다. 그러나 사용 방식이 매우 다르다.

중의학과 불교는 각자 다른 체계를 가지고 있다. 양자의 목표가 다르다. 이론적 기초도 방법도 다르다. 그러나 양자의 같은 점은 모두 사람의 심리적 건강을 위함이다. 사람들에게 즐거움을 주고 고통을 없애고자 한다는 점이다. 서로 간의 대화는 서로를 이해하는 데 도움을 줄 수 있다. 나아가 일곱 가지로 나눠서 비교·분석했다.

1. 치료 방법 vs. 번뇌 해결 방법

중의학은 일종의 치료 방법이고 불교는 일종의 번뇌를 해결하는 방법이다

원칙적으로 중의학은 질병을 치료한다. 사람의 생사번뇌 문제를 해결할 수 없다. 그러나 불교는 궁극적으로 개인의 번뇌를 처리하고 어떻게 해탈할 것인지를 해결한다. 이것이 가장 중요한 구분이다.

중의학은 약용, 침구, 기공, 음식치료[食療] 그리고 기타 방식을 사용한다. 주요 목적은 조신(調身)과 조심(調心), 몸과 마음을 치료하는 것이다. 중의학의 도리는 몸과 마음이 상호 협조하여 건강하도록 하는 것이다. 그러나 불교의 도리는 자신만의 독특함이 있다. 탐진치 세 가지

근본 번뇌에서 시작하여 마음을 조절하는 조심(調心) 방식이다. 이것은 사람의 번뇌를 철저하고 말끔하게 해결해 줄 수 있다. 번뇌가 청정해질수록 의식은 맑아지고 마음은 건강해지고, 현대인들이 가지고 있는 심리 질병은 사라질 것이다.

불교에도 몸을 조절하는[調身] 방식이 있다. 예를 들어 선수행[禪修]에서 생각을 관하고[觀念頭], 호흡을 관하고[觀呼吸], 좌선하고[打坐], 몸을 부정하다고 관하고[觀身不淨], 느낌이 괴롭다고 관하고[觀受是苦], 마음이 무상하다고 관하고[觀心無常], 법이 무아라고 관하는[觀法無我] 이러한 여러 가지 방법은 모두 마음에 집중해서 공부를 하는 것이다. 그리고 마음이 평정해지고 기가 고르게[心平氣和] 되면 몸도 역시 건강해진다. 일단 사람의 마음속에 탐진치 등 생각이 가득할 때 자신의 몸을 해독시키는 것과 같다. 심리적인 오염은 신체의 건강에 영향을 준다. 이것이 바로 불교 조심의 근본원칙이다.

불교에서 생명을 논하는데, 이것은 어떻게 자신의 마음과 정신[心靈] 상태를 가장 높고 원만한 경지에 도달하게 하는가를 말하는 것이다. 그러나 이러한 경지는 일반 세간의 즐거움과는 차이가 있다. 왜냐하면 세간의 즐거움은 일시적인 것이고 무상하고 변화한다. 사람의 마음과 정신이 진정한 환희를 느끼게 할 수 없다. 불교에서 말하는 마음과 정신의 희열이란 바로 매우 충실하고, 매우 환희롭고, 매우 만족한 상태로 뭔가 부족하다는 느낌이 없는 그러한 심령(心靈)의 경계이다.

불교에서는 심령에 각종 층차별 경지가 있다고 생각한다. 예를 들어 초선천(初禪天)은 즐거움이 충만한 곳이고, 이선천(二禪天)은 더 나아가

진보된 곳으로 근심, 걱정, 슬픔과 같은 고뇌가 없는 곳이고, 심지어 즐거움을 얻을 수 있다. 삼선(三禪), 사선(四禪) 심지어 더욱 높은 경계에 한 층 한 층 올라가면[37] 모두 다 심령이 정화(淨化)된 상태에 도달할 수 있다. 그렇지만 세간의 많은 즐거움은 오염된 것인데도 사람들은 자신의 집착으로 인해 세상 물질에 연연하게 된다. 그러므로 이러한 상황이 과연 즐거움이 맞는가? 아니면 즐겁지 않은 것인가? 불교에서 말하는 심령, 즉 마음과 정신의 단계는 매우 높다. 이 점은 중의학에서 거론하지 않는 점이다.

그리고 또 중의학의 『내경(內經)』에서 말하는 도리는 사람을 기본 구성 원소(元素)로서 설명하고 있다. 예를 들어 지수화풍, 음양 양극 그리고 어떻게 자신의 마음을 돌보는가이다. 이러한 기본은 모두 우리의 생활 속 상황을 위주로 하지만, 더욱 높은 심령의 경계까지 가지 못했다. 이 점이 바로 불교가 비교적 고원하고 초월적인 경지이다.

치료방식을 비교해 보면, 불교의 마음치료[療心] 방법은 여러 가지가 있다. 재능에 따라 가르침을 베푼다[因材施敎]. 사람들의 근기(根器)는 모두 다르다. 과거생 이래로 수행한 방법도 모두 다르다. 그러므로 수행하는 방식도 다르다. 석가모니 부처님께서 제자들을 가르치실 때 개별적인 근기에 따라서 가르침을 주셨다. 이것들은 세존 스스로 생명을 투시하고 생에 대한 진상을 이해하고 나서 비로소 과거생에 이 사람은 어떤 법을 수행했는지를 알게 되었고 비로소 이제 당신이 어떤 방식으로 그를 지도해야 하는지를 알게 된 것이다. 이것은 수행을 통해 숙명통(宿命通)의 능력을 얻은 것이다. 일반 의사들이 쉽게 할 수 있는 일이 아니다.

2. 의학 vs. 생명 체험

중의학은 일종의 의학이고 불교는 일종의 생명 체험이다

중의학은 자고로 몸과 마음의 화해, 기맥의 흐름, 음양의 조화 그리고 사대의 균형을 궁리하고 추구한다. 여기에는 사람과 우주의 협조, 사람과 우주의 화해 관계가 담겨있고, 사람은 우주와 다투지 않고 우주와 평화롭게 공생할 수 있다. 사람은 우주가 운행하는 방식[道]으로 자신의 신체를 조절할 수 있다. 이것이 중의학의 장점이다. 또한 서양의학과의 차별점이다. 중의학은 사람을 하나의 온전한 전체[整體]로 본다. 몸과 마음이 서로 영향을 주고 서로 협조하고 서로 보완하면서 도우면서 완성시킨다. 이것이 중의학의 특색이다.

불교는 사람의 몸을 빌려 수련을 할 수 있다고 본다. 그러므로 불교의 목표는 번뇌를 단절하고 해탈하고 생사를 초월하는 것이 최후의 목표이다. 신체가 좋고 나쁘고, 심리가 건강하고 건강하지 않고는 그다지 중요한 것이 아니다. 그러나 수련하는 과정에서 자연히 신체의 기맥이 통하므로 건강해지게 되고 심리적으로도 신체와 협조하여 마음과 정신도 평안하고 안정된다.

불교에서도 몸과 마음이 서로 협조해야 한다고 본다. 그러나 중요한 목적은 여기에 있지 않다. 오히려 더 높은 목표가 있다. 예를 들어 어떤 사람이 어떤 질병에 걸렸을 때 그는 생각한다. 어떻게 나 자신이 병에 걸리지 않도록 할 수 있을까? 어떻게 자기의 신체를 건강하고 마음은 즐겁게 할 수 있을까? 어떻게 자신은 병상에 누워 있지 않게 할 수 있을까? 어떻게 자신이 병원에 가서 치료받지 않을 수 있을까? 어떻게 자신은 건강하고 평안할 수 있을까? 사람들이 통상적으로 생각하는 일들이다.

사람은 왜 병이 나면 병원에 가는가? 이것은 그의 생활에서, 심경에서, 신체에서 서로 협조가 잘 되지 못해서이다. 심리적인 고통은 신체에서 나타난다. 신체상의 질병도 역시 심리적 번뇌의 반응이다. 신체와 심리는 오묘하게 서로 소통하고 있다. 신체의 모든 움직임은 사실상 모두 심리에서 온다. 그래서 심리는 미세한 기맥의 변화에도 영향을 준다. 그러나 심리적으로도 신체의 영향을 받는다.

이 역시 사람이 깨달을[開悟] 때 그의 신체 기맥에서 현상이 나타나는 이유이다. 그렇지만 사람의 신체 상황이 매우 좋을 때 역시 깨달음을 도울 수 있는 상태가 된다. 이것이 바로 불가에서 말하는 '심성합일(心性合一)', '심물일원(心物一元)'과 같은 이치이다. 인체는 단 하나의 생명이 있다. 한 시기의 생명은 바로 이렇게 움직이고 작동한다. 불교의 방식은 비록 사람마다 관점의 차이가 있지만 그러나 종결에 가서는 모두 똑같다고 본다.

3. 정립된 치료법 vs. 총체적 전방위 조절

중의학은 하나의 정립된 치료법이고 불교는 총체적으로 전방위를 조절한다

중의학은 사람의 마음을 치료하고 사람의 몸도 치료한다. 그러나 영성(靈性)의 부분까지는 처리하지 못한다. 그래서 이른바 중의학은 사람을 치료하는 학문이고, 불교는 전체적으로 사람의 몸, 마음, 영(靈)을 정합한 생명과학이다. 이것이 바로 세간의 학문과 출세간의 학문의 구분이다. 만약 중의학 자체가 하나의 첩약이라면, 그렇다면 불교 자체는

약에다가 약의 효능을 이끄는 것[藥引], 그리고 처방전까지 그리고 자연생활에 근접하는 것까지도 포함한다.

중의학의 원리(義理)는 천기(天氣), 자연 그리고 인문까지 고려한다. 그러나 불교의 원리는 과(果)의 조건에 주의를 기울인다. 예를 들어 햇빛, 공기, 물 등 생장 결과를 촉진시키는 인연 조건들이다. 중의학은 천년 넘는 역사를 지나오면서 부단히 발전하여 왔다. 시간이 지나면서 치료법도 부단히 현대의 치료 방식까지 수정증보되어[增修] 왔다. 게다가 현대 질병의 치료법은 과학적 방식을 채용해서 처리한다. 예를 들어 예전에는 끓이는 방식으로 탕약을 제작했던 것이 지금은 과학적인 방식으로 제작한다. 중국 대륙에서는 요즘 링거식으로, 주사식으로 하는 방식도 있다. 과거의 중의학에는 이런 방식이 없었다. 그래서 중의학은 현대 의학기술과 결합해서 진일보한 방식으로 치료를 하고 있다. 게다가 서양의학의 진단 방식도 빌려서 사용한다. 내부의 장부 기관의 질병에 특히 그러하다. 이것은 현재 중의학의 가치있는 발전이라고 볼 수 있다.

불교 방면에서는 서양의 선진국가에서 현대 의료기기를 사용하는데, 예를 들어 MRI, fMRI 등으로 사람의 선수행[禪修] 상태를 검사하는 이외에 지금까지 여전히 비교적 전통 방식을 유지하고 있다. 예를 들어 정좌 방식은 어떻게 긴장을 풀고 어떻게 스트레스를 완화시키는가 등이다. 또는 정좌와 결합해서 심리치료를 하는 방식으로 사람의 심리적 괴로움을 처리한다.

4. 정서 다스림 vs. 본성 밝힘

중의학은 이치에 맞게 정서를 다스려 기운을 순조롭게 하고 불교는 마음을 다스려 본성을 밝힌다

사람이 기의 흐름이 조화로울 때 유난히 정신이 맑고 기분이 상쾌하고[神淸氣爽], 만사가 순조로운 느낌이다. 만약에 기운이 조화롭지 못하면 화가 나고 분노하고 다급하고 초조하고 걱정하는, 이런 정서들이 나타난다. 만약 이런 정서들이 계속 이어지게 되면 심리 질병으로 이어지게 된다. 그러므로 중의학은 치료 방면에 기운과 정서를 조화롭게 하는 방향에 주의를 기울인다. 그러므로 중의학의 조심(調心)은 이치에 맞게 정서를 다스려 기운을 순조롭게 하는 이정순기(理情順氣)의 치료법이다.

불교는 마음을 다스려 본성을 밝힌다[治心明性]. 왜냐하면 불교는 번뇌심을 대치하는 심오한 기초이론이기 때문이다. 불교는 사람의 마음의 번뇌를 이론적으로 아주 명료하게 해석한다. 마음의 번뇌는 무시 이래의 무명으로 인해서라고 본다. 그리고 이는 탐심, 진심의 근본 번뇌가 유발한 것이다. 당연히 후속으로 더 많은 종류의 번뇌가 이어져 나온다. 기본적으로 불교는 수신양성(修身養性)이다. 여기에는 여러 가지 방식이 있는데, 그것은 자성(自性)을 청정하게 하여 번뇌가 없고 개오(開悟)하고 해탈하는 상태에 도달하도록 하는 것이다. 그렇지만 전체 과정에서 마음을 밝혀 본성을 보는[明心見性] 사람은 당연히 기맥도 순조롭게 통한다. 만약 기맥이 조화롭고 화합할 수 있다면 자연히 수도(修道)하여 쉽게 도를 깨우치게 된다. 그러므로 몸과 마음이 서로 소통한다는 것은 매우 뚜렷하고 명확하다. 중시할 만한 요점이다.

기맥이 원활하게 통할 때 중의학에서 말하는 것처럼 이치에 맞게 정

서를 다스려 기운을 순조롭게 하게 된다[理情順氣]. 기가 순조롭고 조화로우면 불교에서 말하는 마음이 평정해지고 기가 고르게 된다[心平氣和]. 기가 순조로우면 정신도 맑고 기분도 상쾌해진다. 그러므로 이런 방면에서 중의학과 불교는 서로 통하는 곳이 있다. 게다가 중의학 자체는 치료를 논하지만, 중의학의 치료 방법으로 봤을 때 여러 가지 방식이 있다. 예를 들어 의약, 침구 두 가지를 위주로 하면서 기타 음식치료, 생활습관 개선 그리고 인간 관계 등이 있다. 중의학의 입장에서 보면 앞에서 말한 이런 방면들은 자신과 주변 환경, 주변 사람들과 화목한 관계를 이루도록 도움을 주는 요소들이다.

불교에서도 이와 유사한 방법이 있다. 예를 들어 성운대사께서 제창하는 "넓게 선연을 맺어라[廣結善緣]" 그러면 좋은 운도 저절로 오게 된다. 우리가 넓게 선연을 맺을 때 그 마음은 유쾌하고 기쁨이 있다. 그래서 많은 귀인이 도와주고자 한다. 이러한 생활 환경에서 자연히 조화를 이룰 수 있다. 이를 자신의 식구들에서부터 시작해서 이웃으로 넓히고, 그리고 친구들로 넓히고, 그리고 사회로 넓힌다.

불교에서 말하는 '동체공생(同體共生)'의 관념이 바로 이러한 도리이다. 만약 한 사람이 좋아지면 한 무리가 좋아지고, 점차 확대되어 온 사회도 조화로워질 수 있다. 그렇다면 온 사회에서 함께 진동하여[共振] 나오는 일종의 화해의 에너지는 자연히 그 공간 안에 있는 사람의 몸과 마음을 조화롭게 만들어 모든 번뇌를 사라지게 한다.

그리고 불교는 사람의 생명이 과거, 현재, 미래가 있다고 보고 윤회한다고 본다. 그러므로 사람의 마음속에 있는 문제를 잘 처리하지 못한다면 과거세에서 현재세로 심지어 미래세까지 가지고 갈 수 있다고 본다. 물론 중의학에서는 이런 것을 고려하지 않는다. 왜냐하면 중의학은 단지 현세 사람들에게 나타나는 질병을 탐구하고 치료하기 때문이다. 불교의 시간으로 본다면 삼세(三世)가 있다. 중의학에서 이것은 너무 먼 이야기이다. 이것 역시 중의학과 불교의 차이점이다. 사실이 그렇더라고 중의학과 불교 양자는 서로 참조할 수 있는 것이다.

5. 언어 차이 vs. 소통

중의학과 불교의 언어는 차이가 있지만 소통할 수 있다

중의학은 치료 이후에 호전됐는지를 관찰하고 호전이 돼야 완치가 된다. 그러나 불교에는 이런 말이 없다. 진단하고 치료하는 것은 사실 중의학의 개념이다. 불교에서는 관조(觀照)를 한다. 그런 후에 번뇌를 제거하고 몸과 마음의 괴로움을 제거한다.

그러므로 양자는 언어상의 소통에 차이가 있다. 이런 차이점은 소통할 수 없는 것이 아니다. 소통할 수 있는 유일한 방식은 바로 피차간에 서로를 많이 인식하고, 피차간에 서로를 알아가고, 피차간에 서로를 참관하는 것이다. 만약 중의학을 배우면서 정좌도 배우고, 만약 중의학의 침구치료 또는 의약치료를 사용하면서 불교의 마음을 청정하게 하고 욕구를 덜어버리는 청심과욕(淸心寡慾)을 함께 결합한다면, 그것은 근본을 치료하고 현상도 치료하는 좋은 방법이 된다.

게다가 불교에는 마음을 고요하게 함[靜心]으로써 조심(調心)하는 방식이 많다. 예를 들어 가장 근본적이고 가장 쉬운 방법은 '염불'이다.

우리가 마음이 번잡하고 우울하고 초조할 때 염불을 해도 된다. 염불은 사람의 마음을 고요하게 해 주고 안정시켜 준다. 이것이 바로 의약을 사용하지 않고 순수하게 자연적으로 치료하는 방식이다. 비록 불교에서는 '치료'라는 단어를 사용하지 않지만, 그러나 그것이 사용되고 작용할 때에 나타나는 효과가 바로 치료라는 의미 속에 포함되어 있다. 그러므로 중의학과 불교의 대화는 피차간 마음을 열고 서로 사용하는 언어를 이해한다면, 그러한 과정에서 공통점을 찾아낼 수 있을 것이다.

6. 타력의 치료 vs. 자력의 조심

중의학은 타력(他力)으로 치료를 위주로 하고, 불교는 자력(自力)으로 조심을 중요시한다

중의학은 타인을 치료하고 타력의 협조가 필요하고, 불교는 심성(心性)을 체득하는 학문, 즉 자아의 인지이다. 이러한 부분은 아주 뚜렷한 차이이다. 중의학의 치료는 전문적인 훈련을 받은 의사가 진단하고 각종 치료 방법을 내놓는다. 가장 자주 사용하는 것은 약방, 침구 또는 이혈에 압력을 가하는 것[貼壓]이다. 불교가 비록 불법의 가르침이 있다고 하지만 조심(調心) 과정에서는 여전히 스스로 자아의 인지와 체험이 필요하다. 왜냐하면 "스승은 입문을 시키지만 수행은 개인에 달려있기[師父引進門, 修行在個人]" 때문이다.

중의학은 타력으로 치료하는 것 외에 음식, 양생(養生), 기공, 혈자리, 안마, 추나, 괄사, 태극권, 운동, 심리상담, 음악치료, 대자연을 가까이 하기, 생활 방식 개선 등 타력 또는 자력의 방법들과 결합한다. 불교도 경건한 신앙으로 불보살의 가피를 받고 질병을 치유하는 감응

을 얻을 수 있다. 그러나 개인적인 심성이 성장하는 방면에서는 자신의 수련이 필요하다.

중의학은 정서[情志]를 처리할 때 마음의 문제만 처리하지 않는다. 중의학은 신체 장부와 그리고 신체 상황을 함께 처리한다. 예를 들어 어떤 사람은 비웃고 화를 내며 욕을 하며 정서를 억제하지 못할 때 중의에서는 안신탕을 사용해서 그의 마음과 정신을 안정시킨다. 그리고 또 그 사람의 간화(肝火)가 너무 왕성하고 비습(脾濕)이 너무 많아서, 또는 신기(腎氣)가 부족해서 정신적인 상황이 일어난 것에 주의하게 된다. 이런 상황들을 모두 고려한다. 이것은 중의사가 관찰하는 상황들이다.

불교에서는 약물을 사용하지 않는다. 그래서 완전히 개인적인 수신양성(修身養性)에 달렸다. 부처가 가르쳐준 방법으로 마음을 안정시킨다. 예를 들어 정좌, 정심, 염불, 주력[持呪], 관조, 관상, 그리고 포향(跑香), 행선(行禪)이 있다. 이러한 것들은 모두 사람의 마음을 안정시키는 방법이다.

기본적으로 중의학은 타력을 많이 사용하고 불교는 스스로 하는 수행을 위주로 한다.

중의학의 치료 방법은 한약, 침구, 이혈첩압, 기공, 음식치료 모두 응용한다. 그러나 병원에서의 치료 방법은 여전히 약물과 침구 그리고 이혈첩압을 위주로 한다. 만약 현대 의학병원에서 없는 것이 있다면 그것은 개인이 심신을 조절하고 양생하는 것[調養]이다. 그것은 의사가 치료해서 나타난 치료의 성과로 보지 않는다. 그러므로 일반 사람들의 양생, 운동, 수영, 음악감상 등은 일종의 개인적인 자발적 행위로 본다.

중의학의 치료 방식은 모두 증상에 대해 약을 쓰는 것이다. 매우 실제적으로 한 사람의 몸과 마음의 상황에 대해 치료한다. 그러나 불교는 맥을 잡는다든지 또는 약처방을 준다든지 침을 놓는다든지 하는 행위가 없다. 불교의 '맥잡기'는 사람의 '심리'를 잡는 것이다. 그가 처방하는 약은 모두 '좋은 수행 방법'이다. 불교의 여러 가지 수련 방법은 모두 사람의 심성(心性)을 조절하는 데에서 시작한다. 만약 불교에서 약처방을 찾는다면 고대 인도시대에 있을 수 있을 것이다. 그러나 부처님이 내려준 처방은 찾기가 쉽지 않을 것이고 혹 있다 해도 그 처방을 보고 우리 본토에서 약재를 구할 수 있는 처방은 아마도 없을 것이다. 이것이 바로 매우 다른 점이다.

중의학은 질병에 대한 치료를 하고 불교는 심성을 체득하고 인식하고 자신에 대해 인지하는 것이다. 그러므로 기본적으로 말하자면 중의학은 타인의 치료, 타력의 협조로 치료하고, 불교는 심성의 학문을 체득하고 자신을 인지하는 것이다.

7. 심리 질병 치유 vs. 번뇌 단절과 생사 해탈

중의학은 심리 질병을 치유하는 데 목적이 있고, 불교는 번뇌를 단절하고 생사를 해탈하는 데 목표를 둔다

불교가 심리 문제를 처리할 때 마음과 정신[心靈]의 성장에 주의를 기울인다. 불교는 인류를 이끌어 가장 원만한 상태를 성취할 수 있도록 한다. 즉 원만한 자비와 지혜이다.

그러므로 이것은 진정한 조심(調心)의 길이다. 일반적으로 심리적

번뇌를 처리하는 데서부터 시작해서 진정으로 번뇌를 단멸하고 생사 문제를 해결하는 데까지 간다. 불교의 목표는 중의학의 목표와 다르다. 중의학은 심리 질병을 치료하는 것을 강구하여 현생의 심리 질병을 치료한다. 그러나 불교는 사람을 해탈의 경계로 인도한다. 이것이 양자의 차이점이다.

불문(佛門)에서는 여러 가지 수행법이 있는데, 모두 다 마음을 돌보는 것이다. 마음을 잘못 돌보면 아마 각계에서 각 업종을 경영하는 사람들은 많은 번뇌를 일으키게 된다. 사실 사람들의 근본 요구는 모두 똑같다. 끝없는 욕구, 마음 속의 분노와 원한[瞋恨], 자비심 없는 마음, 생사의 과실과 근심[過患]을 모르는 마음, 이것들이 바로 인류에게 대단히 많은 마음이다.

중국어 어휘 중에 마음에 대한 단어들이 많다. 일음절, 이음절, 삼음절, 사음절 등의 형용사들, 예를 들면, 사랑[愛], 마음[心], 탐심(貪心), 진심(瞋心), 치심(癡心), 자비심(慈悲心), 내키지 않는 마음[不甘心], 상처를 심하게 받은 마음[傷透心], 마음이 다른 데 가 있는[心不在焉], 낙담하는 마음[心灰意冷], 도리에 어긋나지 않아 평온한 마음[心安理得], 마음도 정신도 안정되다[心安神定] 등이 있다. 그리고 소위 말하는 "하늘끝 땅끝이라도 나는 너를 꼭 찾을 거야[天涯海角我也要找到你]" 이것 역시 마음의 작용이다. "하늘은 높고 황제는 멀고[天高皇帝遠]"는 마음의 상상력이다. "산이 다하고 물이 다해 길이 없는 줄 알았는데, 버드나무 우거지고 꽃이 피니 또 하나의 마을이 나오더라[山窮水盡疑無路, 柳暗花明又一村]" 이 말은 마음의 작용력이다. "산이 높고 물 깊어도 난 두

렵지 않아 내 이 마음은 어떻게든 난관을 뚫을 거야[山高水深我不怕, 唯有一心度難關]" 이것 역시 마음의 작용이다. 그래서 마음에 결심, 원력만 있다면 이루지 못할 일이 없다. 이것이 바로 마음의 힘이다.

번뇌는 사람들마다 있다. 그 차이는 단지 가벼운가, 심한가에 있다. 사실 가볍고 심한(輕重) 것도 문제가 되지 않는다. 문제는 이 번뇌를 얼마 동안 유지할 것인가에 있다. 습성을 바꾸는 것이 쉽지 않기 때문에 번뇌는 과거생에서 이번생까지 그리고 다음생까지 이어질 수도 있다.

부처만 해도 마음의 치료는 일종의 끝없는 치유라고 한다. 일반적인 치료와는 매우 다르다. 일반적인 치료는 사람들이 기분이 좋으면 됐다고 본다. 그러나 불교는 마음을 내려놓으라고 한다. 마음을 내려놓으면 기쁘다. 기쁘기 때문에 환희심이 생긴다. 환희심이 생기니 기분이 좋다. 기분이 좋기 때문에 뜻대로 되는 마음, 여의심[如意心]이 생긴다. 여의심이 있기에 만족감이 생긴다. 만족감이 있기에 마음은 넓어진다. 이것들은 모두 연관되어 이어지는 것이다.

만약 마음을 안정시킬 수 있다면 그것이 어디에 있든 마음은 언제나 분수를 알고 자신을 지킨다[安分守己]. 평상심으로 바라보고 심리가 안정되고 마음과 정신도 안정된다[心安神定]. 그래서 마음에는 많은 번뇌의 종류가 있지만, 그 근본적인 처리방식은 정신을 이리저리 두고 집중 못하는 심원의마(心猿意馬)처럼 더 이상 끊임없이 이것저것 추구하지 말고, 화내지 말고 분노하거나 망상하지 말도록 하는 것이다. 이런 부분을 안정시키면 마음은 자연적으로 해탈을 얻는다. 마음이 해탈을 얻으면 생로병사의 고리를 풀 수 있게 된다. 생로병사의 고리를 풀었으니

무슨 번뇌가 있겠는가?

　　마음을 해결하는 방법은 반드시 엄숙한 방식을 채택해야 하는 것은 아니다. 즐거운 방식으로도 효과를 얻을 수 있다. 예를 들어 '하하하'하고 크게 웃는다, 공치기를 한다, 영화를 본다, 산책을 한다, 야외로 나간다, 이것은 일반적인 방식이다. 그러나 불교에서 말하는 마음[心]은 마음을 처리하는 문제를 말할 때 그건 바로 마음의 여러 가지 번뇌에서 해탈하는 것이지, 그저 일시적인 것을 말하는 것이 아니다. 일시적인 번뇌를 해결할 것이라면 차라리 생사대사(生死大事)를 해결한다. 이것이 바로 '마음의 해탈'이다.

제4장

결론과 제안

제4장
결론과 제안

제1절 결론

    조심(調心) 방법의 비교에는 우선적으로 이론의 기초가 있어야 하기에 본서의 장절(章節)은 중의학과 불교의 조심이론 비교에서부터 중의학과 불교의 조심 방법 비교까지 논하였다. 각 장에는 한 절만 비교·연구한 부분이 있다. 지금 4장에서는 모든 것을 총체적으로 분석하고 토론해서 결론을 내고 제안도 제시하고자 한다.

    불교는 일종의 종교이다. 그러나 중의학은 일종의 의학이다. 양자를 비교하는 데에는 기준점이 다르다. 그렇지만 그들의 같은 부분은 모두 조심 부분이 있다는 것이다. 이로 인해 본 연구는 공통점을 비교하였고 몇 가지 결론이 있다.

1. 중의학과 불교의 조심이론 비교

중의학과 불교의 조심이론의 비교에서 발견한 점은 다음과 같다. 불교에서 소위 말하는 탐진치 삼독은 모든 번뇌의 근원이다. 각 항목마다 모두 중의학의 칠정과 많은 연관이 있다. 중의학의 칠정과 불교의 칠정 역시 마찬가지이다.

정서는 서로 감염된다. 왜냐하면 하나의 정서는 다른 정서와 연결되기 때문이다. 그들은 왔다 갔다 반복한다. 때로는 하나의 어떤 상황이 나타났을 때 여러 가지 정서가 한꺼번에 일어난다. 불교의 입장에서 말하자면 여러 가지 번뇌가 잇따라서 일어난다. 사람은 여러 가지 정서가 있고 사람의 정서는 매우 복잡하기 때문이다. 그래서 사람은 복잡한 생명체이다. 이것이 바로 사람이 복잡한 정서 속에서 신체가 늘 여러 가지 정서의 영향을 받게 되는 이유다.

정서가 뒤엉키고, 정서가 복잡하고, 감정이 나타났다가 사라졌다가, 감정이 강렬했다가 약해졌다가, 감정이 좋아졌다가 나빠졌다가, 감정은 끊임없이 왔다 갔다 또는 앞으로 또는 뒤로, 또는 시간이 길거나 또는 짧거나 한다. 이렇게 복잡한 정서는 인류의 여러 가지 심리 질병을 유발한다. 사람들마다 감정을 표현하는 방식이 다르다. 그래서 사람의 정서와 표현 방식도 대단히 복잡하다.

이렇게 여러 가지 정서의 발전은 긍정적인 면과 부정적인 면 모두 한 사람의 몸에 겹쳐있다. 그래서 조심은 증상만 치료할 것이 아니라 또한 근본을 치료해야 한다. 조심은 일시적인 것이 아니라 긴 시간 동안 연습해야 한다. 조심은 일세(一世)가 아니라 세세생생 누적된 성과

여야 한다.

일반적인 의약은 단지 일시적으로 증상만 치료한다. 그렇기 때문에 상황이 다시 나타날 때 정서는 다시 재발한다. 그러나 외재적인 상황은 완전히 억제할 방법이 없다. 그러므로 사람의 조심은 자기 스스로 조절해야 한다. 그래야만 진정으로 몸과 마음이 건강해질 수 있다.

2. 중의학과 불교의 조심 방법 비교

조심 방법은 여러 종류가 있다. 중의학에서 봤을 때는 약초, 침구, 부항, 기공, 음식치료, 이혈첩압 등의 방식에 불과하다. 물론 병원에서 사용하는 방법은 이렇게 많지 않다. 특히 대만에서는 제한적이다. 그렇지만 개인적으로 몸과 마음을 조절하고 기르는[調養] 방법은 많다. 예를 들어 혈자리를 안마하거나, 기공을 연습하거나, 태극권을 하거나 또는 이른 아침에 공원에 가서 대자연을 감상하거나 이런 것 모두 중의학에 속하는 몸과 마음을 조절하고 기르는 방식이다.

불교에서도 이런 방법이 있다. 예를 들어 숲속 나무 아래서 좌선을 하고 일어나 경행을 하고, 빠르게 걸으면서 하는 참선, 즉 포향(跑香)을 하거나 공법(功法)을 연마한다거나 등 모든 것이 바로 조심 방법과 대조된다. 설령 현대불교가 초기불교 시대처럼 인도의 의학을 결합하지 않았다 하더라도, 현재 불교의 발전, 특히 대만에서는 불교 자체에 속하는 의학은 없고 의약 사용도 없다. 만약 있다면 그것은 현대의학과 결합한 것이다. 그러므로 이러한 점이 바로 고대와 현대의 다른 점이다.

본 연구는 비록 정신 질병 방면에 치중하고 있지만 사실 불교의 입장에서 보더라도 일상적인 스트레스 해소라든지, 초조함과 우울함을 줄여준다든지, 마음을 평온하게 한다든지 등에도 매우 좋은 효과가 있다. 단지 본서는 불교와 중의학의 조심 방법에 대한 비교를 중심으로 탐구하고 있기에 이런 방면의 설명이 비교적 적었다.

중의학은 타력의 치료이고 불교는 자력의 정심(淨心)이다. 하나는 의학이고 하나는 생명의 인지이다. 기본적인 비교에서는 어느 정도 차이점이 있다. 그러나 공통적인 부분은 모두 조심(調心)이다. 모두 조심의 이론과 방법을 말하고 있다. 단지 그들의 근본적인 출발점에 차이가 있을 뿐이다. 그러므로 파생해서 나오는 치료 방법도 다를 수밖에 없다.

현대 의학에서는 마땅히 정합(整合)해 나가는 자세가 필요하다. 신체, 심리, 영성 성장이라는 세 방면을 정합하고 단지 약으로만 심리치료를 하는 제한적인 방식으로는 부족하다. 심리 질병 또는 심리적 근본 원인은 약물로만 처리할 수 있는 것이 아니다. 또한 심리상담도 결합해야 하고 심리치료도 결합해야 한다. 이것이 바로 불교 방법을 가지고 와서 함께 해야 하는 이유이다. 예를 들어 불교의 관심(觀心), 관념두(觀念頭), 염불(念佛), 주력[持呪], 좌선(禪坐) 등이 모두 매우 좋은 조심 방법으로 진정으로 심리적 근본 원인을 처리할 수 있는 방법이다. 중의학에서는 이런 것들이 결핍되어 있다. 그러나 중의학에서 불교적 방식과 기타 과학적 방식의 치료법을 받아들인다면 더욱 좋은 치료법이 될 것이라고 본다.

현대 중의학의 방향은 하나의 정합된 자세로 불교의 방법을 받아들이고 자연의학도 함께 받아들여야 비로소 중의학이 현대의 길로 나아갈 수 있다고 본다. 불교가 중의학의 의료법을 정합한다면 사람들의 몸과 마음을 닦고 기르는 데[修身養性] 훨씬 더 좋은 효과를 볼 수 있을 것이다.

자연의학이 발전하면서 홍채진단법[虹膜學], 화정요법(花精療法), 최면요법(催眠治療), 전생요법[前世療法] 등 모두 좋은 조심 방법이다. 언젠가 이런 방법을 모두 수용하는 병원이 생긴다면 많은 사람들에게 복을 짓는 일이고, 이는 할 만하고 가치있는 일이다.

이상과 같은 연구를 종합해 보면 조심 방법을 비교하여 발견한 부분은 아래와 같다. 첫째, 중의학은 일종의 치료 방법이고, 불교는 일종의 번뇌를 해결하는 방법이다. 둘째, 중의학은 일종의 의학이고, 불교는 일종의 생명 체험이다. 셋째, 중의학은 하나의 정립된 치료법이고 불교는 총체적으로 전방위를 조절이다. 넷째, 중의학은 이치에 맞게 정서를 다스려 기운을 순조롭게 하고[理情順氣] 불교는 마음을 다스려 본성을 밝힌다[治心明性]. 다섯째, 중의학과 불교의 언어에는 차이가 있지만 소통할 수 있다. 여섯째, 중의학은 타력(他力)으로 치료를 위주로 하고, 불교는 자력(自力)으로 조심을 중요시한다. 일곱째, 중의학은 심리 질병을 치유하는 데 목적이 있고, 불교는 번뇌를 단절하고 생사를 해탈하는 데 목표를 둔다.

3. 중의학과 불교의 조심 방면의 종합적 비교

중의학과 불교는 필경 두 가지 다른 학문 분야이다. 피차간의 목표와 방법이 다르기 때문에 비교하려면 어려운 점이 있다. 예를 들어 의

사와 종교인, 양자 간의 본질이 다르다. 그러나 그들이 서로를 참조해 보면 공통점도 있다.

공통점은 다음과 같다. 첫째, 모두 조심을 위주로 한다. 모두 사람의 심리 건강을 중요시한다. 이 점은 서로 인정하고 있다. 그러나 방법이 다르다. 둘째, 모두 점차적으로 점진하는 방법이다. 중의학의 조심 역시 신체 방면에서부터 조리(調理)하기 때문이다. 그러나 신체의 질병이 만약 장기적인 것이라면 아마 정서적으로 답답하거나 가슴이 답답한 증세가 나타날 수 있다. 이런 현상의 조절은 약을 먹는다고 즉시 효과가 있는 것이 아니다. 시간이 좀 필요하다. 불교에서는 앞뒤 비교를 할 수 있다. 즉 불법을 배우기 이전과 배운 이후를 또는 어떤 법회를 참가하기 이전과 또는 참가한 이후를 이렇게 비교해 보면, 그 사람의 심정(心情)의 차이를 찾아볼 수 있다. 그러므로 만약 중의학이 약을 복용하는 것으로 치료한다면 불교에서는 법회, 송경, 염불을 처방으로 삼는다. 만약 중의학이 운동, 대자연을 말한다면 불교에서는 좌선 경행, 걷기, 빠르게 걸으면서 하는 선[跑香], 숲속에서 또는 고요한 곳에서 정좌(靜坐)를 한다. 이것이 바로 불교의 방법이다. 비록 그것을 일종의 약 처방이라고 말하지 않더라도 말이다.

석가모니 시대의 수행은 모두 마음에서부터 시작한다. 근본 번뇌에서부터 시작한다. 그러므로 한 사람이 깨달을 때 기맥도 따라서 막힘없이 잘 통한다. 중의학은 사람을 의술로 치료하는 일종의 조심 방식이다. 기본적으로 말하자면 상당히 괜찮은 방법이다. 단지 사람에 대한 인지가 생사의 근본 문제까지 인지할 수 없으므로 중의학의 치료법은 일시적인 문제를 치료하는 데 치우치게 되고 근본적인 철저한 치료를 하지 못한다. 이것이 양자의 차이점이다.

심리 질병의 치료에 대해서 중의학은 나름의 장점이 있다. 중의학은 증상에 따라서 약을 쓰고 실제적으로 사람의 정서가 안정될 수 있도록 도움을 준다. 불교의 방식은 자력을 위주로 하는 것 이외에 타력의 도움도 있다.

인류의 생활에서 이미 많은 문제해결 방법이 있다. 예를 들어 배가 아프면 의사를 찾아가고, 신발이 떨어지면 신발가게를 찾아가고, 자동차가 고장 나면 카센터를 찾아가고, 그러나 유독 '마음[心]'에 대한 일만은 쉽게 해결을 못하고 있다. 왜냐하면 사람의 마음은 매우 복잡하기 때문이다. 사람의 마음은 천차만별로 변화하고 아침부터 저녁까지 많은 정서가 나타난다. 만약 중의학의 관점에서 본다면 기맥을 조절하면 마음이 평온해진다. 만약 사람의 마음이 평온해지면 그의 맥상은 자연히 안정이 된다. 몸과 마음이 서로 의존하므로 이것이 바로 중의학의 뛰어난 점이다.

이러한 방면에서 본다면 불교는 약물을 사용하지 않는다. 그래서 자기 심성(心性)의 인지와 체험에 치중하고 있다. 비교해 보면 불교는 병을 일시적으로 치료하는 의약 방면에서는 중의학과 정합할 수 있을 것이다. 그러나 긴 시간으로 봤을 때 생명 문제, 생사윤회 문제는 불교가 해결할 수밖에 없다. 그러므로 양자가 융합한다면 매우 좋은 방법이 될 것이다. 또한 중의학은 몸과 마음을 조절할 수 있고 불교는 지혜와 자비를 길러주므로 양자가 서로 이상적으로 어우러질 수 있다.

불교와 중의학, 중의학과 불교 양자 간에 서로 돕고 서로 완성시킬 수 있다. 중의학은 질병에 대한 치료를, 불교는 번뇌에 대한 처리를 하기 때문이다. 중의학은 사람의 하나의 심리 상황을 치료하고, 불교는 세세생생 생사 문제를 처리한다. 그러므로 비록 시간상으로 다르겠지만, 그러나 생사 문제를 처리할 때는 의학적으로 사람의 신심건강 상태를 설명해야 한다. 또한 신심건강을 처리할 때 심령(心靈)의 향상도 소홀히 하면 안 된다. 그러므로 만약 양자가 서로 융합을 한다면 사람을 전방위적으로 돌볼 수 있다. 신체를 돌볼 수 있을 뿐만 아니라 심리도 그리고 영성(靈性) 성장도 돌볼 수 있다. 이렇게 된다면 이것은 전방위적인 치료 방식이 될 것이다.

결론적으로 말하자면 첫째, 불교와 중의학 이론을 결합하여 일시적, 일생 또한 세세생생 치료한다. 둘째, 불교의 염불, 정좌 등 조심 방식을 중의학과 결합하여 근본적인 부분에서부터 시작하여 몸과 마음을 함께 조절할 수 있도록 하는 것이 가장 이상적인 방식이다. 셋째, 중의학의 조심 방식에서는 약을 사용해서 불교의 정심(淨心) 수행에 도움을 줄 수 있다. 불교의 조심 방식에서 염불, 정좌 등은 기운을 조절하고 정신을 안정시키고 마음을 고요히 할 수 있어, 잡념과 망상을 제거할 수 있고 번뇌를 줄일 수 있고 즐거움과 자재로움을 줄 수 있다. 넷째, 중의학이 불교의 조심 방식을 결합하는 방식은 전인(全人)적 방식이다. 몸과 마음과 영(靈)을 함께 고려한 치료법이다. 다섯째, 중의학에서 불교의 조심 방식을 결합하여 철저한 치료를 할 수 있다.

제2절 제안

1. 중의학과 불교의 정합

불교와 중의학의 결합, 중의학과 불교의 결합은 서로의 장점을 통합하기 위해서이다. 이렇게 함으로써 증상에 따라서 처방을 내리고 치료하는 데 장점이 있고, 수신양성(修身養性)에도 도움이 된다. 근본에서 시작할 수 있기 때문이다. 수행자가 신체적으로 어떤 상황에 있을 때 그의 선정수행과 심경의 안정에 영향을 줄 수 있다. 그래서 한약으로 그의 몸과 마음 상태를 조절하는 데 도움을 줄 수 있다.

중의학이 단지 약으로만 심리 문제를 처리한다면 심리적 근본 원인을 제거할 수 없다. 그럴 때는 불교의 사념처(四念處)로 마음과 생각[心念]을 관찰하고, 또는 인연을 관찰하여 인과(因果)를 알도록 하는 방식으로 그의 마음의 응어리를 풀어 준다. 심리 문제는 마음의 응어리를 풀어 주면서 약을 사용하는 두 가지 방편을 함께 사용해야 도움이 되기 때문이다.

심리 방면의 문제는 사실 몸과 마음과도 상관성이 있다. 사람의 기맥이 조화롭지 못할 때 마음의 평온을 이룰 수 없다. 정서 또한 안정되지 못할 수도 있다. 그래서 심정이 안정되고 고요하지 못할 때 이치에 맞게 정서를 다스려 기운을 순조롭게 하기 위해 중의학이 필요하다. 중의학과 불교의 결합은 심리 건강을 더욱 잘 완성할 수 있도록 도와준다.

중의학과 불교의 결합은 이상적인 방법이다. 현재 대만에서는 이런 방면으로 발전하는 추세를 보이고 있다. 기타 지역에서도 현지의 사정을 존중하면서 안배하고 진행할 수 있을 것이다. 그렇게 하고자 한다면 쌍방의 공통된 인식[共識]이 필요할 것이다.

본 연구는 아래와 같이 중의학과 불교의 결합에 관해서 건의를 하고자 한다.

첫째, 중의학을 배우는 사람은 불법을 배우고 불법을 배우는 사람은 중의학을 배운다. 그렇게 하여 불교의 의사 또는 의사로서 불법을 이해하는 사람이 된다. 중의학을 배우면 몸과 마음을 조절하고 기르는[調養] 도리를 알 수 있고, 불법을 배우면 마음의 평정을 얻어 지혜로서 인생 문제를 해결할 수 있다.

불법을 배운다는 것은 종교를 믿어야 한다는 의미가 아니다. 그러나 불법은 생명의 과학이고 인생을 지혜로 볼 수 있게 한다. 왜냐하면 부처님 시대에 한 무리의 사람들이 학생들처럼 부처를 따라다니면서 공부를 했고, 이후에 사람들이 이것을 종교로 만든 것이다. 그러나 당시에는 그들은 다만 스승을 따라다니면서 공부하는 단체의 형식일 뿐이었다. 부처가 한 일은 단지 사람들에게 어떻게 마음과 정신[心靈]의 경계를 향상시키는지 그리고 몸과 마음을 조화롭게 하는지를 가르쳤을 뿐이다.

그러므로 종교라고 칭하지 않아도 되고, 자신을 불교도라고 하지 않아도 된다. 그러나 그 안에는 좋은 방법이 아주 많다. 그것으로 사람들의 심리 문제를 해결할 수 있다. 예를 들어 명상, 경행, 포향, 관심(觀心), 염불, 정심, 주력[持咒], 관상(觀想), 관심념(觀心念), 관인과(觀因果) 이런 공부는 반드시 법당에서 해야 하는 것이 아니다. 수시로 아무 장소에서나 응용할 수 있다. 현대 사회에서 필요한 것은 마음을 청정하게 하는 정심(淨心) 방식이고 신심을 조화롭게 하는 방법이다. 만약 이런 각도에서 생각을 해본다면 불교의 정수를 응용할 수 있게 될 것이다.

둘째, 중의학은 타력을 위주로 한다. 불교는 자력을 위주로 한다. 타력에 자력을 더하면 어떤 일이든 이득이 될 것이다. 이것은 아주 좋은 정합(整合)이다. 중의사는 약을 잘 사용하고 불교도는 수행을 안다. 그렇지만 때로는 마음과 정신의 안정을 위해서 한약으로 수행자의 기맥을 뚫어주는 도움이 필요하다. 예로 선정(禪定)을 연습할 때 만약 숨이 찬 현상이 있다면 역시 한약으로 숨을 고르게 할 수 있어 마음을 안정토록 도움을 줄 수 있다. 그러나 중의학은 약을 사용하고 침구를 사용하는 이외에도 불교의 정좌, 염불, 관상 등을 사용해서 중의학과 불교의 방법을 병행한다면 더욱 좋은 효과를 얻을 수 있다.

셋째, 불교도 병원을 지어 의료 구제 활동에 종사할 수 있다. 병원 또한 불교의 연구나 활동을 하면서 불교의 방식으로 병자들을 도울 수 있다. 불교를 마음과 정신[心靈]을 향상시키는 신묘한 방법[妙方]으로, 생명을 깨닫는 지혜로 삼고, 중의학을 제세구인(濟世救人)의 훌륭한 방법[良方]으로 삼을 수 있다.

사람의 생명에는 모두 생로병사의 과정이 있다. 생로병사를 지나가면 또 끝없는 윤회가 시작된다. 사람은 이 돌고 도는 윤회 속에서 한 번의 생명에서 충분히 생명의 무상, 생명의 예측 불가능성, 생명의 많은 변화, 생명에서 허다한 정서적인 변화를 깨달을 수 있다. 조심 방법만 알 수 있다면 인생에서 자신의 안신입명(安身立命)의 도(道)를 깨달을 것이고, 자신이 어떤 상황에 처하더라도 안정할 수 있고, 고요한 심정을 유지하면서 즐겁게 지낼 수 있는 방법을 깨달을 것이다.

불학과 중의학의 정합(整合)은 사람의 신체 건강과 심령의 경지를 향상시키는 데 도움이 될 수 있고, 또한 이 세상에서 아주 좋은 길을 안내할 수 있다.

2. 중의학과 불교와 자연의학의 정합

본 연구에서 불교와 중의학의 조심 방법을 비교연구한 이후, 연구자는 미래의 치병(治病) 추세에 대한 견해를 가지게 되었다. 그래서 여기서 중의학과 불교 이외의 기타 영역에 대한 정합(整合)을 논하고자 한다.

중의학 자체는 원래 하나의 학문 분과(學科)이다. 최근에는 점차 다른 학문 분과와 정합하는 추세가 되었다. 예를 들어 자연의학의 향초요법[芳香療法], 음악치료(音樂治療) 등이 그러하다. 현대의 중의학도 홍채학[虹膜學]을 좋아한다. 어떠한 치료법이든 사람들에게 유익하다면 정합하는 것도 좋은 추세이다.

자연의학의 발전은 심신 건강에 매우 큰 도움을 주고 있다. 수많은 자연요법 중에서 홍채학[虹膜學], 화정요법(花精療法), 그리고 전생요법[前世療法]은 모두 약물이 필요없다. 그리고 심리문제와 질병에 대한 진일보한 설명이 있다. 그리고 중의학 속성의 이의학(耳醫學) 또는 이혈요법(耳穴療法) 또한 간편하고 좋은 방식이라고 생각한다. 중의학과 불교와 함께 융합하여 운용할 수 있다고 본다.

1) 홍채학

최소 150년 이상 된 홍채학[虹膜學]은 유럽에서 최초로 성행하여 중국 대륙과 대만으로 전해왔다. 중의학 진단에 도움이 되었다. 홍채기기와 컴퓨터 소프트웨어만 있으면 홍채[虹膜]를 촬영할 수 있다. 설비가 간편하다. 홍채의 홀로그램 상태[全息狀態]를 촬영한 영상에서 사람의 성격, 인격의 경향, 평상시의 정서 상태, 신체 기관 또는 각종 신체 계통의 건강 상태를 알 수 있다. 예를 들어 만약 자율신경계[自主神經環]가 명확하지 않다면 이 사람은 고통이 있어도 말을 안 하고 참는 성격이다. 그래서 장과 위 같은 소화 기능이 좋지 않다. 또 자율신경계에 예리한 각도가 나타난다면 정서를 잘 억제하지 못해 난폭한 정서를 가지고 있는 사람이다. 예리한 각도가 만약 심장 영역[心區]에서 나타난다면 심장에 문제가 있는 것이다. 그러므로 홍채학은 신심의 문제를 판독할 수 있다. 홍채의 구멍[坑洞], 선[線條], 반점(斑點) 등을 통해서 이상 부위가 선천적인지 또는 후천적으로 형성된 것인지를 알 수 있다. 중의학에서는 이런 상황을 알아서 치료할 수 있고, 만약 심리 문제라면 불교의 조심 방식으로 처리할 수 있다. 그러므로 홍채학은 중의학이 진단하는 근거로 삼을 수 있고 또는 미병(未病)에 대한 참고를 할 수 있다. 또한 예방의학의 하나로 삼을 수 있다. 홍채학과 중의학과 불교를 배합하는 것은 매우 좋은 예방, 진단, 치료 방식이다.

2) 화정요법

'바흐의 화정요법(The Bach Flower Remedies)'은 바흐화정요법(巴哈花精療法) 또는 바흐화약요법(巴哈花藥療法)이라고 부른다. 영국의 바흐 박사(Dr. Edward Bach)가 창립한 것이다. 바흐화정은 천연 화초를 증류법 또는 일조법 등의 방법으로 꽃송이의 에너지를 보존하여 각종 화정(花精)으로 제조한다. 또한 마음과 정신[心靈]을 탐색하는 방법으로, 사람들이 자신을 이해하면서 부정적 정서를 잘 처리해서 몸과 마음의 균형을 이루도록 한다. 오늘날까지 70여 년 동안 유럽, 미국, 일본 등 선진국에서 광범위하게 사용되고 있다. 일반 가정에서 자주 사용하는 상비된 약처방이다. 또한 안전하고 유효한 자연요법이다.

바흐 박사는 "빛으로 질병을 치료하는 것은 부족하다. 질병은 단지 신체 반응으로 심리 상황을 보여주는 거울과 같다. 진정한 병인은 환자 본인에게 있다. 사람 자체가 진정으로 치료해야 하는 본체이다. 진정한 치료는 환자에게 그의 걱정, 공포, 낙심, 절망 등을 극복할 수 있도록 도움을 줄 수 있어야 한다."라고 한다.[1] 그는 "생리적인 질병은 결국 생리의 근원에서 오는 것이 아니라 심리적 정서가 강화되어 이르게 되는 것이다. … 사람을 치료하려면 질병이 아니고 그 사람의 부정적인 생각을 없애면 신체는 자연적으로 돌아오게 된다."라고 한다.[2]

바흐 박사는 화정에 대한 38가지 단방(單方)과 1가지 복방(複方)을 발견했다. 각각 다른 소극적인 정서를 가진 사람들에게 안전하고 쉽게 정서를 조절하는 처방을 제공했다. 바흐 박사의 38가지 처방 중에 한 가지만 영국에 있는 샘물을 사용했고, 나머지는 모두 식물의 꽃을 재료로 사용했다. 이 서른여덟 가지 화정은 완벽한 화정요법을 구성해 모든 사람들이 다 응용할 수 있다. 바흐 박사는 서른여덟 가지 화정치료법을 사용해 심리상태를 일곱 가지로 나누었다.

- 공포와 걱정 : 암장미(岩薔薇, Rock Rose), 구산장(構酸醬, Mimulus), 체리플럼[櫻桃李, Cherry Plum], 백양(白楊, Aspen), 홍서양율(紅西洋栗, Red Chestnut)

- 확신 없이 망연한 심리상태 : 수궐(水蕨, Cerato), 선구초(線球草, Scleranthus), 용담(龍膽, Gentian), 형두(荊豆, Gorse), 소사나무[鵝耳櫪, Hornbeam], 야생연맥(野生燕麥, Wild Oat)

- 현실도피 또는 현실상황에 흥미를 잃어버린 심리상태 : 철선연(鐵線蓮, Clematis), 인동(忍冬, Honeysuckle), 들장미(野玫瑰, Wild Rose), 올리브(橄欖, Olive), 백율(白栗, White Chestnut), 개말(芥茉, Mustard), 화뢰(花蕾, Chestnut Bud)

- 고독감 : 수근(水菫, Water Violet), 봉선화(鳳仙花, Impatiens), 석남(石南, Heather)

- 타인이나 환경의 영향을 쉽게 받는 정서 : 용아초(龍芽草, Agrimony), 시거국(矢車菊, Centaury), 호두(胡桃, Walnut), 동청(冬青, Holly)

- 의기소침, 절망감 : 낙엽송(落葉松, Larch), 송침(松針, Pine), 우수(楡樹, Elm), 첨서양율(甜西洋栗, Sweet Chestnut), 성성백합(聖星百合, Star of Bethlehem), 유수(柳樹, Willow), 상수(橡樹, Oak), 야생산사과(野生酸蘋果, Crab Apple)

• 과도하게 걱정하거나 타인을 과도하게 의식하는 상황 : 국거(菊苣, Chicory), 마편초(馬鞭草, Vervain), 포도수(葡萄樹, Vine), 산모거(山毛欅, Beech), 암천수(岩泉水, Rock Water)

이상과 같은 일곱 종류의 심리 상태와 중의학의 칠정의 나눔법은 다르다. 칠정 가운데 '공(恐), 경(驚), 사(思), 우(憂), 비(悲)'와 비교적 관련이 있다. 그러나 노(怒)는 봉선화를 가지고 처리했다. 그리고 '희(喜)'와 같은 정서는 상관된 화정이 없다. 중의학의 칠정에는 대응하는 장부(臟腑)가 있는 것이 중의학의 특유한 이론이다.

바흐 박사는 식물, 화초들과의 상호작용에서 사람의 마음을 치유하는 묘방(妙方)을 찾아냈다. 이 점은 신농씨가 백초를 맛보고, 화타 등 중의학의 선조들이 실천한 부분과 비슷하다고 볼 수 있다. 인류가 식물을 돌보고, 식물 또한 인류에게 이익을 주고, 이것은 사람과 식물의 상호작용이고 서로 유익을 베푸는 것이다.

화정요법은 어떠한 의약과도 함께 사용할 수 있어서 중의학과도 조합시켜 치료할 수 있다. 화정요법의 설문, 상담 등을 통해 심리적 병인을 이해하고 중의학으로 진단하여 병의 기전(病機)을 찾아내고, 동시에 한약을 처방하고 적합한 화정을 사용하고, 또한 불교의 조심방식, 염불, 정좌 등을 사용해서 타력과 자력을 병행할 수 있다면 더욱 쉽게 치료 효과를 볼 수 있을 것이다.

3) 전생요법

전생요법[前世療法]은 근래에 와서 구미지역 국가의 심리학, 의학, 영성학[靈學] 등 관련된 영역에서 일어난 연구현상이다. 대만에서도 크게 주목을 해왔다. 전생요법은 병인을 찾아내려고 전생까지 거슬러 올라갈 수 있어 현생의 질병을 치료하는 효과를 달성할 수 있다.

브라이언 바이스(Brian L.Weiss)는 "전생요법은 전생의 심령활동으로 돌아가는 것이다. 어느 시대가 되었든 상관없다. 그 목적은 금생의 병인에 영향을 주는 부정적인 면을 찾아 거슬러 올라가는 것이다. 기억 속의 사건이 병환 증상의 근원일 수도 있기 때문이다."[3]라고 말한다.

대만의 정신과의사 천승잉(陳勝英)은 전생 경력에 대해 "전생에 진입한 후 일반 사람들이 보는 것은 하나하나 입체적이고 색채가 있고 냄새가 있고 소리가 있는 영상 장면이다. 심지어 춥거나 덥거나 아프거나 등의 감각도 있다. 다시 태어날 수 있고, 사망을 거쳐서 영계(靈界)로 들어갈 수도 있다."[4]고 묘사했다.

일반적으로는 윤회를 믿는 사람들이 쉽게 전생 상황에 진입한다고 한다. 그러나 치료사의 경험으로는 믿고 안 믿고는 중요한 조건이 아니라고 말한다. 윤회를 믿는다고 더 쉽게 전생에 들어가는 것은 아니다. 그러므로 전생요법 중에 치료사와 피치료자는 윤회를 믿을 필요가 없다. 이것은 전생요법의 객관성을 나타내 주고 있다. 그것의 효과는 종교적 신앙의 영향을 받지 않는다.

오늘날 신(身), 심(心), 령(靈)의 정합(整合)을 강조하는 21세기 의료의 새로운 추세에서 전생요법은 현대 의학의 부족한 점을 보완할 수 있다고 본다. 신앙이나 불교의 윤회관과 상관없이 충분히 생명의 실상을 해석할 수 있고, 질병의 인과를 해석할 수 있다. 이렇게 중의학과 불교와 전생요법을 정합해서 함께 사람들을 도울 수 있다.

3. 중의학과 불교와 정신의학의 정합

중의학이 맥을 짚고, 약처방을 내고, 침구, 부항, 괄사하는 등의 방식은 모두 몸과 마음[身心]의 질병을 진단하고 치료하는 것이다. 이는 이전부터 모두 이러했다. 그래서 그것의 치료 방법은 갈수록 정밀해지고, 갈수록 현대인들의 필요에 부합해 간다. 그러나 중의학 의서들은 여전히 고대의 병명을 사용하고 있다. 예를 들어 비관(卑慣), 불매(不寐), 매핵기(梅核氣), 백합병(百合病) 등이 그러하다. 그러나 현대인들의 입장에서 보면, 중의학을 배웠던 사람이면 모를까 일반인들에게는 낯선 단어들이다. 그러므로 중의학에서는 현대의 정신질병의 병명으로 문진을 할 수 있도록 고려해 봐야 할 것이라고 생각한다. 예를 들어 불안증[焦慮症], 공황증(恐慌症), 우울증(憂鬱症), 강박증(強迫症), 정신분열증(精神分裂症) 등이다.

불교에서는 소위 말하는 "망(望), 문(聞), 문(問), 절(切)"과 같은 중의학의 모델이 없다. 하지만 불교에서는 기맥이 잘 통하는지? 심신(心神) 안정은 어떤지? 생각[念頭]은 정확한지? 행위는 정당한지? 여부에 주의를 기울인다. 이것이 불교에서 집중하고 있는 점이고, 중의학과 다른 점이다. 그리고 불교에서는 어떻게 현대인들의 심리 질병을 대치할 것인가에 관심을 가진다. 이러한 문제들은 불교와 현대 심리 질병에서 연구하여 그 효과를 탐구하게 될 것이다.

불교는 전문적으로 치료하기 위해서 존재한 학문 분야가 아니다. 그것은 사람의 몸과 마음을 닦고 기르는[修身養性] 방법이다. 그러나 마음[心]의 문제를 처리하는 데에 많은 수련 방법이 있어 조심(調心)을 할 수 있다. 많은 부분에서 중의학과 대화를 진행해 나갈 수 있다고 본다.

불교는 어떤 심리 질병에 대해 치료하는가? 중의학 입장에서 현대 심리 질병의 명칭으로 치료를 하고 있지 않다. 과거의 질병 명칭으로 처리하는 경우가 훨씬 많다. 그러므로 유사 증상으로 구분한다면 불교에서도 처리방식을 찾을 수 있다. 예를 들어 현대인들의 초조, 긴장, 불안은 중의학과 불교에서 모두 해결 방법이 있다. 불교에서는 선수법문(禪修法門), 정좌(靜坐), 긴장 풀어주기[放鬆], 염불법문(念佛法門) 등이 심신불안에 특별히 좋은 방법이다.

옛사람들이 사용하는 단어는 현대인들과 다르다. 현대인들이 가장 관심 있어 하는 초점은 우울증, 불안증, 조울증, 강박증 이런 단어들이다. 이러한 단어들은 불교 또는 중의학의 고대 의서에 나오는 단어들이 아니다. 현대인들에게 적합한 단어를 고대 서적에서 찾는다는 것은 매우 어려운 일이다. 증상으로 분석하면 다음과 같이 발견할 수 있다.

고대 서적의 질병인 울증(鬱症)은 대략 현재의 우울증에 해당하고 불매(不寐)는 현대인의 수면장애에 해당하고, 비걸(卑傑)은 자격지심을 말하고, 백합(百合)은 아마도 신경증[精神官能症]에 해당하고, 또한 기전(機轉)과 병증(病症)들이 있다.

고금의 병명과 증상을 대조 확인하는 것은 현대 심리의학에서 매우 중요한 부분이다. 현대인들은 중의학의 이러한 고대 명사를 모르기 때문이다. 그러나 그들은 현대의 이러한 심리 질병에 매우 익숙하다. 그러므로 현대 중의학에서는 또 하나의 과제가 있는데, 그것은 바로 어떻게 현대 질병의 명칭을 해석하고 처방을 내릴 것인가이다.

이상의 제안 사항을 종합해 보면 중의학, 불교, 자연의학과 정신의학을 결합하는 것은 아직 일종의 이상(理想)이다. 그러나 인위적인 노력을 통해 미래에 실현할 수 있는 방안이라고 생각한다.

마치며

마치며

불교는 일종의 종교이고 중의학은 일종의 의학이다. 양자 모두 다른 학문 분야에 속한다. 이들을 비교하고자 한다면 기준점이 다르다. 그러나 그들의 공통점은 모두 조심(調心)에 있다. 그러므로 본 연구는 이 공통점에서 비교를 했다. 몇 가지 결론이 있다.

1. 중의학과 불교의 조심이론의 비교를 통한 발견

불교에서 말하는 탐진치 삼독은 모든 번뇌의 근원이다. 항목마다 모두 중의학의 칠정(七情)과 매우 많은 연결 관계를 이루고 있다. 중의학의 칠정과 불교 칠정 역시 그러하다.

정서는 서로 감염된다. 왜냐하면 하나의 정서는 또 다른 정서와 연결되어 있기 때문이다. 그것은 왔다 갔다 반복적으로 오고 간다. 때로는 정황이 생기면 여러 가지 정서가 함께 일어나기도 한다. 불교로 말하자면 여러 가지 번뇌가 한꺼번에 일어나는 것과 같다. 사람에게는 여러 종류의 정서가 있기 때문이다. 사람의 정서는 매우 복잡하다. 그래서 사람은 매우 복잡한 생명체이다. 이것이 바로 사람이 복잡한 정서에서 계속적으로 정서의 영향을 받는 구성을 만들어 내게 한다.

2. 중의학과 불교의 조심 방법의 비교를 통한 일곱 가지 발견

첫째, 중의학은 일종의 치료 방법이고 불교는 일종의 번뇌를 해결하는 방법이다. 둘째, 중의학은 일종의 의학이고 불교는 일종의 생명 체험이다. 셋째, 중의학은 하나의 정립된 치료법이고 불교는 총체적으로 전방위를 조절한다. 넷째, 중의학은 이치에 맞게 정서를 다스려 기운을 순조롭게 하고[理情順氣] 불교는 마음을 다스려 본성을 밝힌다[治心明性]. 다섯째, 중의학과 불교의 언어에는 차이가 있지만 소통할 수 있다. 여섯째, 중의학은 타력(他力)으로의 치료를 위주로 하고, 불교는 자력(自力)으로의 조심(調心)을 중요시한다. 일곱째, 중의학은 심리 질병을 치유하는 데 목적이 있고, 불교는 번뇌를 단절하고 생사를 해탈하는 데 목표를 둔다.

마지막으로 본문에서 거론한 중의학과 불교의 정합(整合)이라는 논점과 자연의학을 결합하고 정신의학을 결합하고자 하는 구상은 현대인들의 심리 건강 연구를 위해서 시대적인 의미와 임상 의료에 참고할 만한 가치가 있다고 본다.

미주

1장

1   翟向陽, 魏玉龍(2012), 「禪修的心理學分析與中醫養生」, 『中醫學報』, 8: 961-963.

2   範敬(2006), 「簡論佛教禪定及戒律對中醫養生學的影響」, 『河南中醫學院學報』, 2: 36.

3   鄧來送, 鄧莉(2002), 「佛教與中醫心理學」, 『五臺山研究』, 4: 27-29.

4   鄧來送, 鄧莉(2002), 「佛教與中醫心理學」, 『五臺山研究』, 4: 28.

5   丁銘, 洪泳鐘(1994), 「論佛教醫學與中醫學」, 『福建中醫藥』, 25, 2: 26-28.

6   丁銘, 洪泳鐘(1994), 「論佛教醫學與中醫學」, 『福建中醫藥』, 25, 2: 28.

7   鐵華, 王歡(2013), 「從身心觀之異看佛教對中國傳統醫學的影響」, 『醫學與哲學』(A), 1: 37-39.

8   李明瑞(2011), 「論情志學說的得失與發展」, 『中醫雜誌』, 2: 1795-1797.

9   範敬(2005), 「佛教文化對中醫基礎理論的影響」, 『河南中醫學院學報』, 4: 3-4.

10 範敬(2005), 「佛教文化對中醫基礎理論的影響」, 『河南中醫學院學報』, 4: 4.

11 李明瑞(2011), 「論中醫理論中的佛學要素」, 『中華中醫藥雜誌』, 8: 743-745.

12 曾祥麗, 丁安偉, 張宗明(2007), 「簡論佛學對中醫文化的影響」, 『南京中醫藥大學學報』, 2: 84-86.

13 曾祥麗, 丁安偉, 張宗明(2007), 「簡論佛學對中醫文化的影響」, 『南京中醫藥大學學報』, 2: 84-86.

14 盧祥之(2003), 「佛教與中醫體系形成的重要聯繫」, 『河南中醫』, 5: 7-8.

15 尹立(2001), 「佛學與現代醫學:佛教醫學引論」, 『普門學報』, 7: 85-133.

16 鄭益民(1994), 「佛教醫藥學-祖國醫藥學之瑰寶」, 『河南中醫藥學刊』, 2: 46.

17 鄭益民(1994),「佛教醫藥學-祖國醫藥學之瑰寶」,『河南中醫藥學刊』, 2: 5.

18 陳沛市(2005),「佛敎膳食觀對中醫食療學的影響」,『湖北中醫學院學報』, 7(1): 32-34.

19 高穎(2007),「原始佛教的心理思想」,『宗教學研究』, 1: 201-205.

20 高穎(2007),「原始佛教的心理思想」,『宗教學研究』, 1: 203.

21 高穎(2007),「原始佛教的心理思想」,『宗教學研究』, 1: 204.

22 石文山(2013),「佛教般若思想的心理治療意蘊」,『心理學探新』, 3: 200-204.

23 劉燕(2007),「通往心靈的福祉-佛教思想對心理健康的啟示」,『新疆石油教育
    學院學報』, 1: 95-97.

24 釋性圓(2000),「由現代人的安頓身心需求以探究佛法安頓身心之道」,『鵝湖』,
    6: 39-54.

25 彭彥琴, 張志芳(2009),「「心王」與「禪定」:佛教心理學的研究物件與方法」,
    『西北師大學報社會科學版』, 46, 6: 127-131.

26 彭彥琴, 張志芳(2009),「「心王」與「禪定」:佛教心理學的研究物件與方法」,
    『西北師大學報社會科學版』, 46, 6: 127.

27 陳濤(2008),「『黃帝內經』情志療法初探」,『黃陽中醫學院學報』, 3, 4: 12.

28 楊多(2008),「基於中醫理論的心理治療」,『遼寧中醫藥大學學報』, 10, 11: 22-23.

29 余貞賢, 顧武君(2008),「中醫在治療情志疾病的臨床經驗」,『中華推拿與現代
    康復科學雜誌』, 5, 1: 8-18.

30 吳紅玲(2005),「中醫情志療法探析」,『中醫藥學刊』, 23, 10: 1863-1864.

31 張建斌, 王玲玲(2006),「情志病的經絡學基礎」,『遼寧中醫雜誌』, 33卷, 5期: 533-534.

2장

1   孫廣仁 主編(2008),『中醫基礎理論』, 北京: 中國中醫藥出版社.

2   印會河 主編(2006),『中醫基礎理論』, 臺北: 知音出版社.

3   季紹良, 余明哲, 陳國樹, 李家屏 主編(2004),『中醫基礎理論』, 臺北: 東大圖書公司.

4   杜文東 主編(2005),『中醫心理學』, 北京市: 中國醫藥科技出版社.

5　季紹良, 余明哲, 陳國樹, 李家屏 主編(2004),『中醫基礎理論』, 臺北市: 東大圖
書公司.

6　大藏經刊行會(1978),『大方廣佛華嚴經』第19卷,『大正藏』, 臺北: 新文豊, 第
10冊 279經, 102上. 心如工畫師, 能畫諸世間, 五蘊實從生, 無法而不造, 如心
佛亦爾, 如佛眾生然, 應知佛與心, 體性接無盡. 若人知心行, 普造諸世間, 是人
則見佛, 了佛真實性. 心不住於身, 身亦不住心, 而能作佛事, 自在未曾有. 若人
欲了知, 三世一切佛, 應觀法界性, 一切唯心造.

7　大藏經刊行會(1987),『百法明門論』全1卷,『大正藏』, 臺北: 新文豊, 第31冊
p.855. 印度大乘宗經論部에 속하고『大乘百法明門論略錄』,『百法明門論』,『百
法論』,『略陳名數論』으로도 불린다. 天親菩薩造, 唐代玄奘 譯.『유가사지론
(瑜伽師地論)』「본지분(本地分)」의 백법에서 발췌한 것으로 법상종의 소의
문헌이 되는 논서 가운데 하나이다.『백법명문론』의 전체 내용은『반야심
경』의 두 배인 540글자가 넘는다.

8　大藏經刊行會(1987),『增壹阿含經』第12卷,『大正藏』, 臺北: 新文豊, 第2冊
181經, 604上-604中. 聞如是: 一時,『聞如是: 一時, 佛在舍衛國祇樹給孤獨
園, 爾時, 世尊告諸比丘:『有三大患, 云何為三? 所謂風為大患, 痰為大患, 冷
為大患, 是謂, 比丘! 有此三大患, 然復此三大患有三良藥, 云何為三? 若風患者
酥為良藥, 及酥所作飯食, 若痰患者 蜜為良藥, 及蜜所作飯食, 若冷患者 油為良
藥, 及油所作飯食, 是謂, 比丘! 此三大患有此三藥.

9　如是, 比丘亦有此三大患. 云何為三? 所謂貪欲, 瞋恚, 愚癡. 是謂, 比丘! 有此
三大患. 然復此三大患, 有三良藥. 云何為三? 若貪欲起時, 以不淨往治, 及思惟
不淨道. 瞋恚大患者, 以慈心往治, 及思惟慈心道. 愚癡大患者, 以智慧往治, 及
因緣所起道. 是謂, 比丘! 此三患有此三藥. 是故, 比丘! 當求方便, 索此三藥. 如
是, 比丘! 當作是學.

10　大藏經刊行會(1987),『佛說佛醫經』第1卷,『大正藏』, 臺北: 新文豊, 第17冊,
737上-737中. 人得病有十因緣; 一者, 久坐不飯; 二者, 食無貸; 三者, 憂愁;
四者, 疲極; 五者, 淫泆; 六者, 瞋恚; 七者, 忍大便; 八者, 忍小便; 九者, 制上
風; 十者, 制下風. 從是十因緣生病.

11　又言; 人身中本有四病, 一者地, 二者水, 三者火, 四者風. 風增氣起, 火增熱起,

水增寒起, 土增力盛.

12 大藏經刊行會(1987), 『雜阿含經』第15卷, 『大正藏』, 臺北: 新文豐, 第2冊 389
經, 105上-105中.

13 云何名良醫善知病? 謂良醫善知如是如是種種病, 是名良醫善知病. 云何良醫善
知病源? 謂良醫善知此病因風起, 癖陰起, 涎唾起, 眾冷起, 因現事起, 時節起,
是名良醫善知病源. 云何良醫善知病對治? 謂良醫善知種種病, 應塗藥, 應吐,
應下, 應灌鼻, 應熏, 應取汗, 如是比種種對治, 是名良醫善知對治. 云何良醫善
知治病已, 于未來世永不動發? 謂良醫善治種種病令究竟除, 于未來世永不復
起, 是名良醫善知治病, 更不動發.

14 如來應等正覺為大醫王, 成就四德療眾生病亦復如是, 云何為四? 謂如來知此是
苦聖諦如實知, 此是苦集聖諦如實知, 此是苦滅聖諦如實知, 此是苦滅道跡聖諦
如實知. 諸比丘! 彼世間良醫于生根本對治不如實知, 老, 病, 死, 憂, 悲, 惱苦
根本對治不如實知. 如來應等正覺為大醫王, 於生根本知對治如實知, 於老, 病,
死, 憂, 悲, 惱 苦根本對治如實知. 是故如來應等正覺名大醫王!

15 大藏經刊行會(1987), 『摩訶僧祇律』第28卷, 『大正藏』, 臺北: 新文豐, 第22冊,
455上.

16 佛住舍衛城, 一日巡視僧房, 阿難隨後, 見一病比丘臥糞穢中不能自起, 孤苦無
依無人照顧, 即安慰已, 佛語比丘:"取衣來我為汝浣"爾時阿難白佛言:"置, 世
尊!是病比丘衣我當與浣"佛語阿難:"汝便浣衣, 我當灌水"阿難即浣, 世尊灌水.
浣已日曝, 並為除去糞穢, 出床褥諸不淨器等, 又澡浴病比丘, 徐臥床上已. 爾
時世尊以無量功德莊嚴金色柔軟手, 摩比丘額上問言:"所患增損?"比丘言:"蒙
世尊手至我額上, 眾苦悉除"爾時世尊為病比丘隨順說法令發歡喜心已, 重為說
法, 得法眼淨. 比丘差已, 世尊至眾多比丘所言:"汝等同梵行人, 病痛不相看視,
誰當看者? 汝等各各異姓異家, 信家非家, 舍家出家, 皆同一沙門釋子, 同梵行
人不相看視, 誰當看者?"

17 大藏經刊行會(1987), 『四分律』第41卷, 『大正藏』, 臺北: 新文豐, 第22冊, 861下.

18 比丘應看病比丘, 應作瞻病人, 若有欲供養我者, 當供養病人. 聽彼比丘, 和尚,
阿闍黎, 若弟子應瞻視, 若都無有人看, 眾僧應與瞻病人. 若不肯者, 應次第差.
若次第差不肯, 如法治.

19 大藏經刊行會(1987), 『摩訶僧祇律』第28卷, 『大正藏』, 臺北: 新文豐, 第22冊, 455下.

20 大藏經刊行會(1987), 『梵網經菩薩戒初津』第5卷, 『大正藏』, 臺北: 新文豐, 第39冊, 124下17.

21 大藏經刊行會(1987), 『藥師琉璃光如來本願功德經』第1卷, 『大正藏』, 臺北: 新文豐, 第14冊, 405上-406中.

22 第六大願: 願我來世得菩提時, 若諸有情, 其身下劣, 諸根不具, 醜陋, 頑愚, 盲, 聾, 痔, 瘂, 攣, 躄, 背僂, 白癩, 癲狂, 種種病苦. 聞我名已, 一切皆得端正黠慧, 諸根完具, 無諸疾苦. 第七大願: 願我來世得菩提時, 若諸有情, 眾病逼切, 無救無歸, 無醫無藥, 無親無家, 貧窮多苦. 我之名號, 一經其耳, 病悉得除, 身心安樂, 家屬資具, 悉皆豐足, 乃至證得無上菩提.

23 第十大願: 願我來世得菩提時, 若諸有情, 王法所錄, 縲縛鞭撻, 繫閉牢獄, 或當刑戮, 及餘無量災難凌辱, 悲愁煎迫, 身心受苦. 若聞我名, 以我福德威神力故, 皆得解脫一切憂苦.

24 爾時, 曼殊室利童子白佛言: "世尊! 我當誓於像法轉時, 以種種方便, 令諸淨信善男子, 善女人等, 得聞世尊藥師琉璃光如來名號, 乃至睡中亦以佛名覺悟其耳. 世尊! 若於此經受持讀誦, 或復為他演說開示, 若自書, 若教人書, 恭敬尊重. 以種種花香, 塗香, 末香, 燒香, 花鬘, 瓔珞, 幡蓋, 伎樂, 而為供養, 以五色彩, 作囊盛之. 掃灑淨處, 敷設高座, 而用安處. 爾時, 四大天王與其眷屬, 及餘無量百千天眾, 皆詣其所, 供養守護. 世尊! 若此經寶流行之處, 有能受持, 以彼世尊藥師琉璃光如來本願功德, 及聞名號, 當知是處無復橫死, 亦復不為諸惡鬼神, 奪其精氣. 設已奪者, 還得如故, 身心安樂."

25 大藏經刊行會 (1987), 『金光明最勝王經』第9卷, 「除病品」, 『大正藏』, 臺北: 新文豐, 第16冊, 第24, 447中-448下.

26 ……是王國中, 有一長者名曰持水, 善解醫明, 妙通八術, 眾生病苦, 四大不調, 咸能救療. 善女天! 爾時, 持水長者, 唯有一子, 名曰流水, 顏容端正, 人所樂觀, 受性聰敏, 妙閑諸論, 書畫算印, 無不通達. 時王國內有無量百千諸眾生類, 皆遇疫疾, 眾苦所逼, 乃至無有歡樂之心.

27 善女天! 爾時, 長者子流水, 見是無量百千眾生受諸病苦, 起大悲心, 作如是念:

"無量眾生為諸極苦之所逼迫, 我父長者, 雖善醫方, 妙通八術, 能療眾病, 四大增損, 然已衰邁, 老耄虛羸, 要假扶策, 方能進步, 不復能往城邑聚落救諸病苦. 今有無量百千眾生, 皆遇重病, 無能救者. 我今當至大醫父所, 諮問治病醫方秘法. 若得解已, 當往城邑聚落之所, 救諸眾生種種疾病, 令於長夜得受安樂."

28 先起慈愍心, 莫規於財利. 我已為汝說, 療疾中要事; 以此救眾生, 當獲無邊果.

29 善女天! 爾時, 長者子流水親問其父八術之要, 四大增損, 時節不同, 餌藥方法, 既善了知, 自忖堪能救療眾病, 即便遍至城邑聚落所在之處. 隨有百千萬億病苦眾生, 皆至其所, 善言慰喻, 作如是語: "我是醫人! 我是醫人! 善知方藥, 今為汝等療治眾病, 悉令除愈." 善女天! 爾時眾人聞長者子善言慰喻, 許為治病, 時有無量百千眾生遇極重病, 聞是語已, 身心踴躍, 得未曾有. 以此因緣, 所有病苦悉得蠲除, 氣力充實, 平復如本. 善女天! 爾時, 復有無量百千眾生, 病苦深重難療治者, 即共往詣長者子所, 重請醫療. 時長者子, 即以妙藥令服皆蒙除差. 善女天! 是長者子於此國內, 治百千萬億眾生病苦, 悉得除差.

30 大藏經刊行會(1987), 『釋氏要覽』第3卷, 『大正藏』, 臺北: 新文豐, 第54冊, 296下11.

3장

1 董湘玉 主編(2007), 『中醫心理學』, 北京市: 人民衛生, pp.123-160. 施純全, 黃碧松 主編(2005), 『臺灣中醫精神醫學臨床治療彙編』, 臺北市: 臺北市中醫師公會. 王彥恒 主編(2000), 『實用中醫精神病學』, 北京市: 人民衛生.

2 施純全, 黃碧松 主編(2005), 『臺灣中醫精神醫學臨床治療彙編』, 臺北市: 臺北市中醫學公會, p.135.

3 董湘玉 主編(2007), 『中醫心理學』, 北京市: 人民衛生, p.133.

4 林昭庚 主編(2009), 『新編采圖針灸學』, 臺北市: 知音, p.492.

5 何裕民 主編(2010), 『中醫心理學臨床研究』, 北京市: 人民衛生, p.242.

6 百合病者, 百脈一宗, 悉治其病也. 意欲食復不能食, 常默然, 欲臥不能臥, 欲行不能行, 飲食或有美時, 或有不用聞食臭時, 如寒無寒, 如熱無熱, 口苦, 小便赤, 諸藥不能治, 得藥則劇吐利, 如有神靈者, 身形如和, 其脈微數.

7 施純全, 黃碧松 主編(2005), 『臺灣中醫精神醫學臨床治療彙編』, 臺北市: 臺北市中醫學公會, p.197. 董湘玉 主編(2007), 『中醫心理學』, 北京市: 人民衛生, p.147.

8 董湘玉 主編(2007), 『中醫心理學』, 北京市: 人民衛生, p.151.

9 王彥恒 主編(2000), 『實用中醫精神病學』, 北京市: 人民衛生, p.132.

10 董湘玉 主編(2007), 『中醫心理學』, 北京市: 人民衛生, p.151.

11 李萬瑤, 李珊芸, 張景琛(2009), 「內關穴的臨床治療」, 『蜜蜂雜誌』, 6: 30-31.

12 何裕民 主編(2010), 『中醫心理學臨床研究』, 北京市: 人民衛生, p.230.

13 施純全, 黃碧松 主編(2005), 『臺灣中醫精神醫學臨床治療彙編』, 臺北市: 臺北市中醫學公會, p.195.

14 施純全, 黃碧松 主編(2005), 『臺灣中醫精神醫學臨床治療彙編』, 臺北市: 臺北市中醫學公會, p.196.

15 董湘玉 主編(2007), 『中醫心理學』, 北京市: 人民衛生, p.158.

16 黃麗春(2008), 『耳穴治療學』, 美國: 佛羅里達 奧蘭多 國際耳醫學研究中心, pp.253-265.

17 黃麗春(2008), 『耳穴治療學』, 美國: 佛羅里達 奧蘭多 國際耳醫學研究中心, p.267.

18 黃麗春(2008), 『耳穴治療學』, 美國: 佛羅里達 奧蘭多 國際耳醫學研究中心, p.267.

19 黃麗春(2008), 『耳穴治療學』, 美國: 佛羅里達 奧蘭多 國際耳醫學研究中心, p.266.

20 倫新, 李萬瑤 主編(2003), 『現代針灸臨床集驗』, 北京: 人民衛生.

21 李萬瑤(2003), 「針灸方法在針灸臨床中的應用」, 『針灸臨床雜誌』, 19, 10: 1-2.

22 大藏經刊行會(1987), 『雜阿含經』第1卷, 『大正藏』, 臺北: 新文豐, 第2冊 第1經, 1上. 如是我聞: 一時, 佛住舍衛國祇樹給孤獨園. 爾時, 世尊告諸比丘: 當觀色無常, 如是觀者, 則為正觀. 正觀者, 則生厭離; 厭離者, 喜貪盡; 喜貪盡者, 說心解脫. 如是觀受, 想, 行, 識無常, 如是觀者, 則為正觀. 正觀者, 則生厭離; 厭離者, 喜貪盡; 喜貪盡者, 說心解脫. 如是, 比丘! 心解脫者, 若欲自證, 則能自證: "我生已盡, 梵行已立, 所作已作, 自知不受後有." 如觀無常, 苦, 空, 非我亦復如是. 時, 諸比丘聞佛所說, 歡喜奉行!

23 大藏經刊行會(1987), 『雜阿含經』第1卷, 『大正藏』, 臺北: 新文豐, 第2冊 第2經, 1上.

24 大藏經刊行會(1987), 『雜阿含經』第1卷, 『大正藏』, 臺北: 新文豐, 第2冊 第3經, 1上-1中. 如是我聞: 一時, 佛住舍衛國祇樹給孤獨園. 爾時, 世尊告諸比丘: 於色不知, 不明, 不斷, 不離欲, 則不能斷苦; 如是受, 想, 行, 識, 不知, 不明, 不斷, 不離欲, 則不能斷苦. 諸比丘! 於色若知, 若明, 若斷, 若離欲, 則能斷苦; 如是受, 想, 行, 識, 若知, 若明, 若斷, 若離欲, 則能堪任斷苦. 時, 諸比丘聞佛所說, 歡喜奉行!

25 大藏經刊行會(1987), 『雜阿含經』第1卷, 『大正藏』, 臺北: 新文豐, 第2冊 第4經, 1中. 比丘! 於色若知, 若明, 若斷, 若離欲, 則能越生, 老, 病, 死怖. 諸比丘! 若知, 若明, 若離欲貪, 心解脫者, 則能越生, 老, 病, 死怖; 如是受, 想, 行, 識, 若知, 若明, 若斷, 若離欲貪, 心解脫者, 則能越生, 老, 病, 死怖.

26 大藏經刊行會(1987), 『雜阿含經』第1卷, 『大正藏』, 臺北: 新文豐, 第2冊 第5經, 1中-1下. 如是我聞: 一時, 佛住舍衛國祇樹給孤獨園. 爾時, 世尊告諸比丘: 於色愛喜者, 則於苦愛喜; 於色愛喜者, 則於苦不得解脫, 不明, 不離欲. 如是受, 想, 行, 識愛喜者, 則愛喜苦; 愛喜苦者, 則於苦不得解脫. 諸比丘! 於色不愛喜者, 則不喜於苦; 不喜於苦者, 則於苦得解脫. 如是受, 想, 行, 識不愛喜者, 則不喜於苦; 不喜於苦者, 則於苦得解脫. 諸比丘! 於色不知, 不明, 不離欲貪, 心不解脫, 貪心不解脫者, 則不能斷苦; 如是受, 想, 行, 識, 不知, 不明, 不離欲貪, 心不解脫者, 則不能斷苦. 於色若知, 若明, 若離欲貪, 心得解脫者, 則能斷苦; 如是受, 想, 行, 識, 若知, 若明, 若離欲貪, 心得解脫者, 則能斷苦. 時, 諸比丘聞佛所說, 歡喜奉行!

27 大藏經刊行會(1987), 『坐禪三昧經』, 『大正藏』, 臺北: 新文豐, 第15冊, 276上. 還至靜處, 心眼觀佛, 令意不轉, 繫念在像, 不令他念.

28 大藏經刊行會(1987), 『文殊般若經』, 『大正藏』, 臺北: 新文豐, 第8冊, 728上. 不生, 不滅, 不來, 不去, 非名, 非相, 是名為佛. 如自觀身實相, 觀佛亦然.

29 大藏經刊行會(1987), 『華嚴經』, 『大正藏』, 臺北: 新文豐, 第13冊, 68下. 一切諸佛, 唯是一法身. 念一佛時, 即一切佛.

30 星雲大師, 「4. 如何念佛才能往生西方極樂世界」, 佛光山淨業林網站/淨土開示錄/淨土思想與現代生活 http://www.fgs.org.tw/cultivation/amitabha/master-article-12.htm(2025.1.10.)

31 星雲大師(1991), 『星雲大師演講集4』, 高雄: 佛光出版社, pp.571-572.

32 心定和尚(2005), 『禪定與智慧』, 臺北: 香海文化, pp.36-46.

33 郭和豁(2012), 「走出憂鬱」, 『佛光山靈感錄』第3集, 『謝謝-生活更和諧』, 高雄: 佛光文化, pp.41-44.

34 亞卓(2011), 「安定浮躁的心」, 『佛光山靈感錄』第1集, 『轉念世界就改變』, 高雄: 佛光文化, pp.70-73.

35 弗利德·荷恩(2012), 「飛越半個地球」, 『佛光山靈感錄』第1集, 『轉念世界就改變』, 高雄: 佛光文化, pp.93-96.

36 王佳妙(2012), 「發現幸福」, 『佛光山靈感錄』第4集, 『快樂來自你心中』, 高雄: 佛光文化, pp.20-24.

37 사선(四禪)과 팔정(八定)에는 다양한 상태가 있으며, 훨씬 더 초월적 상태가 있다.

4장

1 Judy Ramsell Howard(1999), 『巴哈花精階段學習手冊』, 南投: 中永實業, p.12.

2 Judy Ramsell Howard(1999), 『巴哈花精階段學習手冊』, 南投: 中永實業, p.14.

3 Brian. Weiss(1995), *Through Time Into Healing*, London: Judy Piatkus, p.27. Regression therapy is the mental act of going back to an earlier time, whenever that time may be, in order to retrieve memories that may still be negatively influencing a patient's present life and that are probably the source of the patient's symptoms.

4 陳勝英(1995), 『生命不死』, 臺北: 張老師文化, p.9.

참고문헌

大藏經刊行會(1987), 『雜阿含經』第1卷, 『大正藏』, 臺北: 新文豐.

大藏經刊行會(1987), 『金光明最勝王經』第9卷, 「除病品」, 『大正藏』, 臺北: 新文豐.

大藏經刊行會(1987), 『大方廣佛華嚴經』第19卷, 『大正藏』, 臺北: 新文豐.

大藏經刊行會(1987), 『摩訶僧祇律』第28卷, 『大正藏』, 臺北: 新文豐.

大藏經刊行會(1987), 『文殊般若經』, 『大正藏』, 臺北: 新文豐.

大藏經刊行會(1987), 『百法明門論』全1卷, 『大正藏』, 臺北: 新文豐.

大藏經刊行會(1987), 『梵網經菩薩戒初津』第5卷, 『大正藏』, 臺北: 新文豐.

大藏經刊行會(1987), 『佛說佛醫經』第1卷, 『大正藏』, 臺北: 新文豐.

大藏經刊行會(1987), 『四分律』第41卷, 『大正藏』, 臺北: 新文豐.

大藏經刊行會(1987), 『釋氏要覽』第3卷, 『大正藏』, 臺北: 新文豐.

大藏經刊行會(1987), 『藥師琉璃光如來本願功德經』第1卷, 『大正藏』, 臺北: 新文豐.

大藏經刊行會(1987), 『雜阿含經』第15卷, 『大正藏』, 臺北: 新文豐.

大藏經刊行會(1987), 『雜阿含經』第1卷, 『大正藏』, 臺北: 新文豐.

大藏經刊行會(1987), 『坐禪三昧經』, 『大正藏』, 臺北: 新文豐.

大藏經刊行會(1987), 『增壹阿含經』第12卷, 『大正藏』, 臺北: 新文豐.

大藏經刊行會(1987), 『華嚴經』, 『大正藏』, 臺北: 新文豐.

季紹良, 余明哲, 陳國樹, 李家屛 主編(2004), 『中醫基礎理論』, 臺北: 東大圖書公司.

高穎(2007),「原始佛教的心理思想」,『宗教學研究』, 1: 201-205.

郭和豁(2012),「走出憂鬱」,『佛光山靈感錄』第3集,『謝謝生活更和諧』, 高雄: 佛光文化.

董湘玉 主編(2007),『中醫心理學』, 北京市: 人民衛生.

杜文東 主編(2005),『中醫心理學』, 北京市: 中國醫藥科技出版社.

鄧來送, 鄧莉(2002),「佛教與中醫心理學」,『五臺山研究』, 4: 27-29.

盧祥之(2003),「佛教與中醫體系形成的重要聯繫」,『河南中醫』, 5: 17-18.

劉燕(2007),「通往心靈的福祉-佛教思想對心理健康的啟示」,『新疆石油教育學院學報』, 1: 95-97.

倫新, 李萬瑤 主編(2003),『現代針灸臨床集驗』, 北京: 人民衛生.

李萬瑤(2003),「針灸方法在針灸臨床中的應用」,『針灸臨床雜誌』, 19, 10: 1-2.

李萬瑤, 李珊芸, 張景琛(2009),「內關穴的臨床治療」,『蜜蜂雜誌』, 6: 30-31.

李明瑞(2011),「論情志學說的得失與發展」,『中醫雜誌』, 20: 1795-1797.

李明瑞(2011),「論中醫理論中的佛學要素」,『中華中醫藥雜誌』, 8: 743-745.

林昭庚 主編(2009),『新編彩圖針灸學』, 臺北市 :知音.

範敬(2005),「佛教文化對中醫基礎理論的影響」,『河南中醫學院學報』, 4: 13-14.

範敬(2006),「簡論佛教禪定及戒律對中醫養生學的影響」,『河南中醫學院學報』, 2: 36.

弗利德‧荷恩(2011),「飛越半個地球」,『佛光山靈感錄』第1集『轉念世界就改變』, 高雄: 佛光文化, pp.93-96.

石文山(2013),「佛教般若思想的心理治療意蘊」,『心理學探新』, 3: 200-204.

釋性圓(2000),「由現代人的安頓身心需求以探究佛法安頓身心之道」,『鵝湖』, 6: 39-54.

星雲大師(1991),『星雲大師演講集(4)』, 高雄: 佛光出版社.

星雲大師,「4.如何念佛才能往生西方極樂世界」, 佛光山淨業林網站/淨土開示錄/淨土思想與現代生活 http://www.fgs.org.tw/cultivation/amitabha/master-article-12.htm(2025.1.10.)

孫廣仁 主編(2008), 『中醫基礎理論』, 北京: 中國中醫藥出版社.

施純全, 黃碧松 主編(2005), 『臺灣中醫精神醫學臨床治療彙編』, 臺北市: 臺北市 中醫學 公會.

心定和尚 (2005), 『禪定與智慧』, 臺北: 香海文化.

亞卓(2011), 「安定浮躁的心」, 『佛光山靈感錄』第1集, 『轉念世界就改變』, 高雄: 佛光文化, pp.70-73.

楊多(2008), 「基於中醫理論的心理治療」, 『遼寧中醫藥大學學報』, 10, 11: 22-23.

余貞賢, 顧武君(2008), 「中醫在治療情志疾病的臨床經驗」, 『中華推拿與現代康 復科學 雜誌』, 5, 1: 8-18.

吳紅玲(2005), 「中醫情志療法探析」, 『中醫藥學刊』, 23, 10: 1863-1864.

王佳妙(2012), 「發現幸福」, 『佛光山靈感錄』第4集『快樂來自你心中』, 高雄: 佛 光文化, pp.20-24.

王彥恒主編(2000), 『實用中醫精神病學』, 北京市: 人民衛生.

尹立(2001), 「佛學與現代醫學: 佛教醫學引論」, 『普門學報』, 7: 85-133.

印會河 主編(2006), 『中醫基礎理論』, 臺北: 知音出版社.

張建斌, 王玲玲(2006), 「情志病的經絡學基礎」, 『遼寧中醫雜誌』, 33卷, 5期: 533-534.

翟向陽, 魏玉龍(2012), 「禪修的心理學分析與中醫養生」, 『中醫學報』, 8: 961-963.

丁銘, 洪泳鐘(1994), 「論佛教醫學與中醫學」, 『福建中醫藥』, 25, 2: 28.

鄭益民(1994), 「佛教醫藥學-祖國醫藥學之瑰寶」, 『河南中醫藥學刊』, 2: 46.

曾祥麗, 丁安偉, 張宗明(2007), 「簡論佛學對中醫文化的影響」, 『南京中醫藥大 學學報』, 2: 84-86.

陳法(2008), 「『黃帝內經』情志療法初探」, 『黃陽中醫學院學報』, 30, 4: 1-2.

陳勝英 著(1995), 『生命不死』, 臺北: 張老師文化.

陳沛市(2005), 「佛教飲食觀對中醫食療學的影響」, 『湖北中醫學院學報』, 7(1): 32-34.

鐵華, 王歡(2013), 「從身心觀之異看佛教對中國傳統醫學的影響」, 『醫學與哲學』(A),

1: 37-39.

彭彥琴, 張志芳(2009), 「「心王」與 「禪定」:佛教心理學的研究物件與方法」, 『西北師大學報社會科學版』, 46, 6: 127-131.

何裕民 主編(2010), 『中醫心理學臨床研究』, 北京市: 人民衛生.

黃麗春(2008), 『耳穴治療學』, 美國: 佛羅里達 奧蘭多 國際耳醫學研究中心.

Brian. Weiss(1995), *Through Time Into Healing*, London: Judy Piatkus.

Judy Ramsell Howard(1999), 『巴哈花精階段學習手冊』, 南投: 中永實業.

부록

부록 1 학술지 논문

	저자	제목	연도	출처	권수	페이지
1	鄭益民	佛敎醫藥學一祖國醫藥學之瑰寶	1994	河南中醫藥學刊	1994年 2期	4-6
2	丁銘, 洪泳鐘	論佛敎醫學與中醫學	1994	福建中醫藥	1994年 2期	26-28
3	曹麗娟	《醫藏書目》的佛敎色彩	1995	中醫文獻雜誌	1995年 3期	8-10
4	洪嘉禾, 李兆健	佛學與中醫學	1996	上海中醫藥大學上海市中醫藥研究院學報	1996年 1期	12-14
5	胡世林, 唐曉軍, 王謙	試論漢化佛敎對中醫藥學術的影響(上)	1996	中國中醫藥資訊雜誌	1996年 4期	5-6
6	胡世林, 唐曉軍, 王謙	試論漢化佛敎對中醫藥學術的影響(下)	1996	中國中醫藥資訊雜誌	1996年 5期	18-20
7	範家偉	晉隋佛敎疾疫觀	1997	佛學研究	1997年 0期	263-268
8	薛克翹	印度佛敎與中國古代漢地醫藥學	1997	佛學研究	1997年 0期	252-262
9	王立文, 謝登旺	宗敎(佛敎)教育與情緒智能的關係	1998	通識敎育	5卷1期	41-51
10	方國華	禪宗觀對經脈的認識與應用	1998	中國氣功科學	1998年 10期	10-11
11	王明輝, 王風雷	佛敎醫學中的食療和草本醫療	1998	藥膳食療研究	1998年 1期	
12	尹立	淺析佛學與現代醫學目的之契合	1999	宗敎學研究	1999年 3期	110-114

	저자	제목	연도	출처	권수	페이지
13	陳明	《醫理精華》是一部重要的印度梵文醫典	1999	五臺山研究	1999年4期	29-35
14	黃欣	佛經醫理細品嚼明心見性身自安	2000	中醫古文知識	2000年1期	
15	申俊龍	喩昌的醫學思想與佛教	2000	南京中醫藥大學學報(社會科學版)	2000年4期	178-181
16	心怡	一代神醫趙一針	2000	五臺山研究	2000年1期	36-40
17	陳明	佛教醫學的起源與發展一評《古代印度的苦行與醫療：佛教僧團中的醫療》	2000	中國圖書評論	2000年11期	62-64
18	陳明	印度佛教醫學概説	2000	宗教學研究	2000年1期	34-43, 69
19	陳明	古印度佛教醫學教育略論	2000	法音	2000年4期	22-27
20	蕭雨	佛教醫學概論	2000	五臺山研究	2000年1期	17-23
21	萧雨	佛教醫學論(一)	2000	五臺山研究	2000年2期	22-25
22	蕭雨	佛教醫學概論(二)	2000	五臺山研究	2000年3期	21-26
23	蕭雨	佛教醫學概論(三)	2000	五臺山研究	2000年4期	18-24
24	釋妙空	略論佛醫與中醫	2000	五臺山研究	2000年1期	24-25
25	釋性圓	由現代人的安頓身心需求以探究佛法安頓身心之道	2000	鵝湖	25卷300期	41-56
26	申俊龍	佛教四大説對傳統醫學的影響	2001	南京大學學報	38卷3期	73-78
27	徐皓峰	相逢藥師經法	2001	佛教文化	2001年6期	42-44

	저자	제목	연도	출처	권수	페이지
28	王月清	佛教思想與現代醫學的關聯	2001	江蘇社會科學	2001年5期	187-189
29	陳明	《醫理精華》和印度佛教醫學理論之比較（上）	2001	法音	2001年3期	28-33
30	陳明	《醫理精華》和印度佛教醫學理論之比較（下）	2001	法音	2001年4期	27-30
31	尹立	佛學與現代醫學：佛教醫學引論	2001	普門學報	2001年4期	85-133
32	張學強	心性本體的建立與完善─佛學對理學心性論的影響分析	2001	孔孟月刊	39卷12期	26-33
33	王俊中	中古佛教醫學幾點論題芻議─以「四大」和「病因説」為主	2002	古今論衡	2002年8期	130-143
34	邵來送, 鄒莉	佛教與中醫心理學	2002	五臺山研究	2002年4期	27-29
35	張紀梅, 許樹村, 常存庫	佛教──一種特殊方式的心理治療	2002	醫學與哲學	2002年7期	53-54
36	邹來送	略論佛對心理疾病的認識	2002	五臺山研究	2002年2期	21-23
37	基建民	關注人類生命健康, 弘揚佛教養生思想-21世紀人間佛教建設方便法門	2002	宗教學研究	2002年2期	40-44
38	陳家成	EQ與佛法	2002	佛學與科學	3卷 2期	94-99
39	陳明	吐魯番漢文醫學文書中的外来因素	2003	新史學	14卷4期	1-63
40	林安梧	「心性之學」在教育上的運用偶, 道, 佛意義下的「生活世界」與其相關「意義治療」	2003	新世紀宗教研究	1卷4期	27-61
41	李萬瑤	針灸方法在針灸臨床中的應用	2003	針灸臨床雜誌	19卷10期	1-2

	저자	제목	연도	출처	권수	페이지
42	盧祥之	佛教與中醫體系形成的重要聯繫	2003	河南中醫	2003年5期	17-18
43	鄒来送, 鄒莉	從現代醫學論佛教的醫療功能	2003	五臺山研究	2003年2期	36-40
44	再忠庚	從佛教醫學看佛教	2004	山東社會科學	2004年12期	83-87
45	馬愛萍, 郭海濤	調肝脾防治中青年心身冠心病的體會	2005	遼寧中醫雜誌	32卷2期	133-134
46	劉静茹, 胡光展	中醫情志護理方法探析	2005	遼寧中醫雜誌	32卷1期	79-80
47	編敏	佛教文化對中醫基礎理論的影響	2005	河南中醫學院學報	20卷4期	13-14
48	陳沛沛, 項平	佛教膳食觀對中醫食療學的影響	2005	湖北中醫學院學報	7卷1期	32-34
49	鄒来送	論佛教醫藥對中醫藥的影響	2005	五臺山研究	2005年1期	32-39
50	李勤璞	印度七日住胎論及其在漢醫的一個表現(上篇)	2006	中央研究院歷史語言研究所集刊	77本3分	517-590
51	李勤璞	印度七日住胎論及其在漢醫的一個表現(下篇)	2006	中央研究院歷史語言研究所集刊	77本4分	729-789
52	顔紅, 汪瑜菌, 陳立偉	理氣活血湯治療慢性緊張性頭痛的臨床研究	2006	遼寧中醫藥大學學報	8卷6期	9-10
53	王忠良, 錢士明, 張寒梅	穩心方聯合心理干預治療不穩定型心絞痛焦慮療效研究	2006	遼寧中醫雜誌	33卷4期	422-423
54	徐侠	更年方結合心理干預治療女性更年期焦慮患者臨床研究	2006	遼寧中醫雜誌	33卷3期	303-304
55	奚娜, 惠毅, 張軍文, 趙天才	情志因素對糖尿病影響析義	2006	遼寧中醫藥大學學報	8卷6期	77-78
56	劉珺, 魏識力	淺析情志病經驗十方	2006	同濟大學學報(醫學版)	27卷1期	95-96

	저자	제목	연도	출처	권수	페이지
57	繆方明	注重「心靈環保」的當代人間佛教, 聖嚴法師人間佛教思想之探析	2006	宗教學研究	2006卷 1期	175-181
58	範敏	簡論佛教禪定及戒律對中醫養生學的影響	2006	河南中醫學院學報	2006年 2期	36
59	曹秀偉	佛教醫學説略	2006	河南中醫學院學報	21卷 1期	18-20
60	營傑, 朱曉虹, 鄭君, 楊金坤	惡性腫瘤者抑鬱情緒與中醫證型關係研究	2007	浙江中醫藥大學學報	34卷 10期	1353- 1355
61	吳潔, 楊叔禹	從腎論治焦慮症	2007	遼寧中醫藥大學學報	9卷 2期	67-68
62	顏红, 汪瑜菡, 田菲	慮煩湯劑治療廣泛性焦慮障礙療效觀察	2007	遼寧中醫雜誌	34卷 1期	43-45
63	崔姬暉	中風的中醫治療體會	2007	遼寧中醫藥大學學報	9卷4期	17-18
64	付雨, 熊大經	情志因素與耳科疾病關係初探	2007	中華中醫藥學刊	25卷3期	541-542
65	史華	宋代的佛教與醫學	2007	中醫藥文化	2卷2期	44-45
66	越建東	佛教禪修經驗與心識學的交涉初探	2007	新世紀宗教研究	5卷3期	37-66
67	曾祥麗, 丁安偉, 張宗明	簡論佛學對中醫文化的影響	2007	南京中醫藥大學學報(社會科學版)	2007年 2期	84-86
68	李晉	佛教, 醫學與臨終關懷實踐 一基於人類學的研究	2007	社會科學	2007年 9期	94-105
69	李晉	「向死而在」一佛教, 醫學與臨終關懷	2007	社會觀察	2007年 9期	23-24
70	劉燕	通往心靈的福祉一佛教思想對心理健康的啟示	2007	新疆石油教育學院學報	2007年 1期	95-97
71	李芷深	禪定與心理學	2007	養生大世界	2007年 10期	20-21

	저자	제목	연도	출처	권수	페이지
72	尹立	無意識與阿賴耶識一佛教與精神分析片論	2007	西南民族大學學報(人文社科版)	2007年3期	60-63
73	郎克銘	禪宗之「無心」的意義及其理論基礎	2007	漢學研究	25卷1期	161-188
74	李燕, 蕭成, 張永雷	董湘玉辨治失眠症伴焦慮, 抑鬱情緒的臨床經驗	2008	遼寧中醫雜誌	35卷5期	667-668
75	張本英銘, 丁金芳, 施志明	中醫學對腫瘤與情志因素關係的認識	2008	遼寧中醫藥大學學報	10卷2期	32-34
76	魏红, 徐剛, 劉明林, 劉亞林, 郭麗单	情志因素所致症候脈象多維資訊化臨床研究	2008	中華中醫藥學刊	26卷8期	1727-1730
77	郭穎	《諸病源候倫》詞語時代特色淺析	2008	中醫藥文化	3卷5期	51-52
78	張海濱	佛教唯識學與榮格人格發展理論的比較研究	2008	宗教學研究	2008卷3期	177-180
79	高統露, 徐文峰, 臺灣禪宗佛教會, 李柏漢	清淨六根甩煩憂禪定生慧淨心靈	2008	禪天下	75期	66-71
80	周含華	論佛家智慧對大學生心理建構的意義	2008	湖南師範大學教育科學學報	7卷2期	98-100
81	程雅群	論佛教對中藏醫的不同影響	2008	西藏民族學院學報(哲學社會科學版)	29卷5期	92-95, 170
82	未德明	古代杭州的佛道教醫藥學	2008	宗教學研究	2008年1期	42-47
83	李正源	Buddhist Psychotherapy in Action	2009	諮商輔導學報; 高師輔導所刊	20期	1-22
84	李萬瑤, 李珊芸, 張景琛	內關穴的臨床治療	2009	蜜蜂雜誌	2009年6期	30-31
85	陳淵渝, 陳鐵誠, 諶立中, 林志強	中醫診所患者隱藏憂鬱疾病之探討	2009	臺灣中醫臨床醫學雜誌	15卷2期	111-117
86	張亞明, 李春霞	中醫情志護理解析	2009	遼寧中醫雜誌	36卷6期	1019-1020

	저자	제목	연도	출처	권수	페이지
87	王燕美, 趙可寧	情志因素與不孕症相關性探討	2009	山東中醫雜誌	28卷 12期	829-830
88	蕭怡, 趙志付	趙志付辨療情志致病上熱下寒證經驗	2009	北京中醫藥	28卷 9期	681
89	梁曉春	從中醫學緒論開始激發西醫學生對中醫的興趣	2009	北京中醫藥	28卷 6期	482-484
90	洪櫻純	佛教徒學習佛法對靈性健康之影響歷程研究	2009	中華心理衛生學刊	22卷 3期	269-297
91	段青青	淺談禪宗對心理治療的啟示	2009	科技資訊	2009年 16期	258-259
92	李英, 席敏娜, 申荷永	正念禪修在心理治療和醫學領域中的適應	2009	心理科學	2009年 2期	397-398, 387
93	黃國清	《佛說佛醫經》的病因論與養生觀	2009	世界宗教學刊	40161	31-53
94	勾利軍, 買金成	略論唐代的佛教醫籍及其特點	2010	河南師範大學學報(哲學社會科學版)	37卷 2期	182-186
95	劉焜輝	心的世紀-心理治療與佛教	2010	諮商與輔導	290期	65-65
96	彭彥琴, 胡洪雲	現象心理學與佛教心理學—研究物件與研究方法之比較	2010	南京師大學報(社會科學版)	2010卷 4期	119-124
97	卞光榮, 蔣娟	中西醫結合卒中單元干預腦卒中後情感障礙100例	2010	陝西中醫	31卷 2期	159-161
98	包祖曉, 田青, 高新彥, 陳寶君, 鐘宇峰, 李黎	235首抑鬱情緒治療方劑的用藥組方規律分析	2010	浙江中醫藥大學學報	34卷 5期	763-764, 766
99	王光磊, 李波	針灸門診焦慮抑鬱發生情況分析	2010	山東醫藥	50卷 32期	99-100
100	郭育誠	從《難經》「五臟藏七神」論情志與心理學	2010	應用心理研究	47期	237-248
101	馬素華	情志養生方法簡介	2010	護理雜誌	57卷2期	5-9

	저자	제목	연도	출처	권수	페이지
102	劉書考, 嚴燦, 吳麗麗, 潘毅	「腎藏志應恐」有關神經生物學機制的研究思路	2010	中西醫結合學報	8卷 2期	106-110
103	夏毅榕	心靈結構的對話一精神分析學的比較	2010	牡丹江教育學院學報	2010卷 4期	26-27
104	最加株, 周祥部	佛教醫學思想簡論	2010	南京中醫藥大學學報 (社會科學版)	11卷 1期	1-4
105	李聲國	重視佛教醫學研究豐富傳統醫藥內涵	2010	中國中醫藥資訊	2卷 28期	296
106	楊玉芹·馬定松	淺談心理防禦機制在佛教文化中的運用	2010	中外健康文摘	7卷 26期	
107	邱玏, 朱健平	備, 道, 佛對喻昌醫學品格及思想的影響	2010	江西中醫學院學報	2010年 5期	4-7
108	顧加練, 周祥龍	略論佛教醫學的思想源流及其中國化	2010	醫學與哲學 (人文社會醫學版)	2010年 6期	79-81
109	學誠	創造一種新型的心靈文化－兼論佛教的現代意義	2010	中國宗教	2010年 1期	25-28
110	夏毅榕	心靈結構的對話－佛教唯識與精神分析的比較	2010	牡丹江教育學院學報	2010年 4期	26-27
111	阮氏釧	佛教觀點與精神分析解剖自我	2010	福建師範大學教育學院	2010年 14期	226-227
112	昭慧	原始佛教對身心保健與疾患防護的看法－以《阿含經》與《佛說佛醫經》為主	2010	西南民族大學學報(人文社科版)	2010年 5期	92-97
113	劉東超	人類心理知識整合的嘗試－讀陳兵先生《佛教心理學》	2010	北京大學學報 (哲學社會科學版)	2010年 4期	156-157
114	釋開仁	淨治睡眠的禪修傳統	2010	福嚴佛學研究	2010年 5期	139-176

	저자	제목	연도	출처	권수	페이지
115	陳玉璽	從佛教心理學重新探究「無我」,教説一兼論印度教「梵我」與「自我」意識之分際	2011	新世紀宗教研究	9卷 4期	1-25
116	付爽	略論佛醫與中醫的醫學之道	2011	蘭台世界	2011年 29期	69-70
117	馬作峰, 姜瑞雲, 王平, 張六通	論《內經》中影響情志的十種因素	2011	中國中醫基礎醫學雜誌	2011年 11期	1194-1195
118	李明瑞	李明瑞論中醫理論中的佛學要素	2011	中華中醫藥雜誌	2011年 8期	743-745
119	王奕	淺析印度傳統醫學與佛教醫學之別	2011	科技資訊	2011年 5期	123, 89
120	靈悟	禅定:為內心製造的疾病找出藥物	2011	中國宗教	2011年 3期	76-78
121	李明瑞	論情志學説的得失與發展	2011	中醫雜誌	2011年 20期	1795-1797
122	濟群	慈悲,真正的大愛無疆一佛法對心理問題的解決	2011	中國商人	2011年 7期	96-97
123	柯進傳	佛教「佛性」之現代淺釋一以佛陀證道説法為例	2011	嶺東通識教育研究學刊	4卷 2期	139-156
124	洪嘉琳	論《阿含經》中「無常即苦」之命題	2011	國立政治大學哲學學報	2011年 26期	97-145
125	胡祖櫻	定慧與「觀看心念」	2011	佛學與科學	12卷 1期	12-19
126	許鶴齡	佛教哲學諮商對生命的療癒	2011	哲學與文化	38卷 3期	173-187
127	尤渼如 (Ama Yu)	從四聖諦探討佛教哲學諮商之死亡議題的因應	2012	哲學與文化	39卷 12期	93-108
128	顧明津, 林姿理	《內經》有關心身疾病的論述與辨治	2012	中醫兒科醫學雜誌	14卷 1期	61-68

	저자	제목	연도	출처	권수	페이지
129	翟向陽	禪修的心理學分析與中醫養生	2012	中醫學報	2012年8期	961-963
130	王立文	從真原醫的身心觀看理想社會	2012	佛學與科學	13卷2期	54-62
131	陳玉璽	正念禪原理與療癒功能之探討—佛教心理學的觀點	2013	新世紀宗教研究	12卷2期	1-23
132	覃江	般若中觀視野下的佛教疾病觀	2013	西南民族大學學報(人文社會科學版)	2013年7期	71-74
133	李鐵華, 王歡	從身心觀之異看佛教對中國傳統醫學的影響	2013	醫學與哲學(A)	2013年1期	37-39
134	石文山	佛教般若思想的心理治療意蘊	2013	心理學探新	2013年3期	200-204

부록 2 대만 석박사 학위논문

	저자	제목	연도	출처	학위
1	廖偉舟	佛教六波羅密的超個人心理學意義及其對人的影響之探討	1996	輔仁大學 / 應用心理學研究所	碩士
2	何慧芬	禪坐經驗、空性領悟與心理療效之研究	2001	國立臺灣師範大學 / 教育心理與輔導研究所	碩士
3	王信宜	榮格心理學與佛教相應觀念之研究	2002	國立中山大學 / 中國語文學系研究所	碩士
4	黃亮韶	出家僧侶與助人現象-佛法與心理治療之間	2002	輔仁大學 / 心理學系	碩士
5	黃文宏	從神醫耆婆的醫療事蹟論其醫療方法及對佛教影響	2003	輔仁大學 / 宗教學系	碩士
6	鐘智龍	宗教對憂鬱症患者影響之研究	2003	玄奘人文社會學院宗教學研究所	碩士
7	陳泰佑	中醫與藏醫對生命資訊的認識與比較	2004	佛光人文社會學院 / 生命學研究所	碩士
8	陳麗彬	《雜阿含經》中佛陀對病苦的教示之研究	2005	華梵大學 / 東方人文思想研究所	碩士
9	林心愉	佛教不二義諦之研究：佛教心理學觀點	2005	佛光人文社會學院 / 宗教學系	碩士
10	張妙珍	中國佛教養生思想初探	2005	佛光人文社會學院 / 宗教學研究所	碩士
11	邱雅萍	宗教心理治療暨意義、精神官能症效應之研究	2007	佛光大學 / 宗教學系	碩士
12	李韶堯	《黃帝內經》氣化宇宙論思想研究	2007	輔仁大學 / 哲學研究所	碩士
13	沈柏宏	唐代驅疫行動及其文化資源憑藉	2007	中國文化大學 / 史學研究所	碩士
14	楊彥芬	念佛療心：從一位佛教徒皈依的生命敘說探討佛法和心理治療之間的關係	2008	中原大學 / 心理學研究所	碩士
15	林恒卉	心靈轉化之探究─以華嚴「三界唯心」,「法界緣起」為主的考察	2008	南華大學 / 宗教學研究所	碩士
16	白聰勇	唯識學與心理學有關潛意識分析比較	2008	玄奘大學 / 宗教學系碩士在職專班	碩士

	저자	제목	연도	출처	학위
17	龔淑櫻	佛教藥師經共修對婦女更年期困擾症狀與自律神經影響的成效	2008	國立臺北護理學院 / 中西醫結合護理研究所	碩士
18	謝筱梅	個人宗教信仰在諮商工作中的呈現與實踐：以佛教背景諮商心理師為例	2009	國立臺灣師範大學 / 教育心理與輔導學系	碩士
19	許秋剩	宗教修行暨靈性治療對身心健康的效應	2009	佛光大學 / 宗教學系	碩士
20	徐潔華	從情緒經驗探究禪修學習者轉化學習歷程之研究	2010	暨南國際大學 / 終身學習與人力資源	碩士
21	林立盛	印度生命吠陀醫學基礎理論之轉譯與詮釋—兼述與中醫學理論相較之初探	2010	中國醫藥大學 / 中醫學系碩士班	碩士
22	郭希寧	心似琉璃、境如菩提−佛教信仰癌症病患正向情緒轉化學習歷程之探討	2011	國立中正大學 / 成人及繼續教育研究所	碩士
23	張春林	陰陽五行學與中醫關係	2012	佛光大學 / 宗教學系	碩士
24	林秀砡	藥師經醫療觀之探析	2012	華梵大學 / 東方人文思想研究所	碩士

부록 3 중국 석박사 학위논문

	저자	제목	연도	출처	학위
1	鄭蓉	張景嶽醫學心理學思想研究	2001	天津中醫學院	碩士
2	危玲	《黃帝內經》情志理論之研究	2004	湖南中醫學院	碩士
3	高璟	心理應激人群中醫證候形成分佈規律及相關因素的初步研究	2005	廣州中醫藥大學	碩士
4	範敏	簡論佛教禪定及戒律對中醫養生學的影響	2005	河南中醫學院	碩士
5	曹秀律	漢傳佛教生活中的醫學	2006	山東大學	碩士
6	董雲波	中國古代心理健康思想研究	2006	內蒙古師範大學	碩士
7	楊倩	中醫心理治療的主要方法及啟示	2006	南京師範大學	碩士
8	陳曦	情志季節性發病的理論及其防治規律研究	2006	湖北中醫學院	碩士
9	李金菊	漢傳佛教養生的歷史研究	2007	中國中醫科學院	博士
10	李红	中國古代僧醫綜述	2008	蘭州大學	碩士
11	劉曉娟	糖尿病與情志因素的關係及其證候學研究	2008	成都中醫藥大學	碩士
12	余强	甲狀腺功能亢進症狀心理—情志影響的臨床研究	2008	湖北中醫學院	碩士
13	次仁旺旦	淺論佛教身心保健法	2009	西藏大學	碩士
14	李清	中國古代佛門醫家成就研究	2009	上海中醫藥大學	博士
15	張義榮	中醫情志療法對癌症患者生活品質影響的療效觀察	2009	廣州中醫藥大學	碩士
16	黃志邦	中西醫情緒理論與調節方法的比較	2009	廣州中醫藥大學	碩士
17	馬五支	中醫驚恐的理論研究	2009	福建中醫學院	碩士
18	方凰真	佛教的醫學觀	2010	山東中醫藥大學	碩士
19	胡红额	中醫辨證論治結合情志療法治療抽動障礙的臨床探索	2010	廣州中醫藥大學	碩士
20	秦凱	中醫行為療法的思想與方法研究	2010	廣州中醫藥大學	碩士
21	鍊向麗	中醫綜合療法治療抑鬱症的臨床研究	2010	廣州中醫藥大學	碩士
22	張志芳	「心王」與「禪定」：佛教心理學的研究物件與方法論	2010	蘇州大學	碩士
23	吳麗鑫	佛醫學與中醫學養生觀的比較研究	2011	山東中醫藥大學	博士
24	高永順	論生活得的理論，實踐及意義	2011	中南民族大學	碩士
25	霍樹書	論禪定與心理分析	2011	山西大學	碩士
26	李慧	論祥定心性論	2011	鄭州大學	碩士
27	江南	佛教唯識宗的心靈哲學思想研究	2012	華中師範大學	碩士

찾아보기

불교와
중의학

불교와 중의학의 마음 다스리기

초판 인쇄 | 2025년 2월 14일
초판 발행 | 2025년 2월 20일

지은이 | 석영유(釋永有)
옮긴이 | 동려생, 윤희조
펴낸이 | 김성배

책임편집 | 최장미
디자인 | 송성용, 엄해정
제작 | 김문갑

펴낸곳 | 도서출판 씨아이알
출판등록 | 제2-3285호(2001년 3월 19일)
주소 | (04626) 서울특별시 중구 필동로8길 43(예장동 1-151)
전화 | (02) 2275-8603(대표) **팩스** | (02) 2265-9394
홈페이지 | www.circom.co.kr

ISBN   979-11-6856-304-9 (93220)